Internetadressen für PGP-L

Bücher und Verlage

Bethel

v. Bodelschwinghsche Stiftungen Bethel

www.bethel.de

Hier könnte Ihr Eintrag stehen!

z.B. 50 mm h. x 58 mm b. = 250 Euro jährlich
(5 Euro pro Millimeter)

Erscheinungstermine: Januar, April, Juli, Oktober

Buchungen und Infos über:
Rainer Ott Media
Tel. 07272 / 91 93 19 / Fax. 07272 / 91 93 20
ott@ottmedia.com

www.christliche-geschenke.de

Aktuelle Predigten online

zu einem Ereignis der Woche und dem vorgegebenen Predigttext

www.buhv.de/predigtaktuell

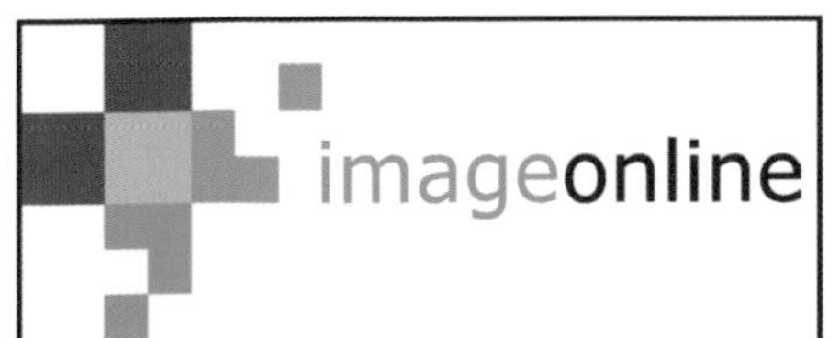

Das Online-Portal für Gemeindebriefe. Fotos, Grafiken und Texte für Ihre Öffentlichkeitsarbeit.

www.pfarrbrief.de

www.interreligioes-bilden.de

Kircheneinrichtungen

Sitzmöbel für Gemeinden
www.kaweo.de

MAGDALENEN VERLAG

Karten · Kalender · Bücher · Geschenke zu jedem Anlass

www.magdalenen-verlag.de

Reisen und Erhohlung

Studien-, Pilger-, Begegnungs- und Konzertreisen **ReiseMission**

www.reisemission-leipzig.de

Gemeindebildungs-Reisen
Hotline: 07141-97543-10
www.kultours.net

zum Beispiel:
Israel/Palästina
Armenien
Schottland
Äthiopien
Jakobsweg
Malta
Jordanien
Marokko
und und und

Werbung

Buchvertrieb • Werbung
Anzeigenvertretung

Deutsches Pfarrerblatt
Theologische Literaturzeitung
Praxis Gemeindepädagogik
Ökumenische Rundschau

Beraten – Planen – Realisieren

Rainer Ott Media
Tel: 07272 919319 • Fax: 07272 919320
ott@ottmedia.com • www.ottmedia.com

Anzeigenschluss für die nächste Ausgabe 4–2017 der PRAXIS GEMEINDEPÄDAGOGIK ist der 15. Dezember 2017.

Wer kennt sie nicht, die Melodien von beliebten Gesangbuchliedern wie »Nun danket alle Gott« oder »Ich singe dir mit Herz und Mund«? Viele Texte der älteren Lieder bedürfen jedoch genauer Ausdeutung oder bleiben in der heutigen Zeit völlig fremd.

Peter Spangenberg versieht bekannte Melodien mit erfrischend lebensnahen und aktuellen Texten, die zentrale Glaubensinhalte mitten in unseren Alltag hineinholen.

In thematisch geordneten Kapiteln wie »Der Lauf des Lebens«, »Abend und Morgen«, »Kirchenjahr« oder »Lob und Hoffnung« finden sich viele vertraute Lieder des Gesangbuches und darüber hinaus.

Das Liederbuch ist hervorragend geeignet und erfolgreich erprobt für Gottesdienste, Gemeinde- und Bibelarbeit, für den Religionsunterricht sowie für Frei- und Rüstzeiten aller Altersgruppen.

Peter Spangenberg
DAS ETWAS ANDERE GESANGBUCH
Die schönsten Lieder mit frischen Texten
104 Seiten | 14,5 x 21,5 cm
Paperback
ISBN 978-3-374-02167-3 € 9,80 [D]

Weitere Infos und Bestellmöglichkeit unter www.eva-leipzig.de

VORWORT

EINFÜHRUNG

KIRCHENRAUM GEMEINDEPÄDAGOGISCH

ANDERE RÄUME

PRAXIS

HINTERGRÜNDE

KIRCHENJAHR

FORUM

RÄUME

Liebe Leserinnen und Leser,

Matthias Spenn, PGP-Schriftleiter

Räume – Probenräume Wirtschaftsräume, Lebensräume, Zwischenräume, Kirchenräume, Sozialräume, Gemeinderäume, Welträume, Bestattungsräume, virtuelle Räume, Bildungsräume, Entwicklungsräume, Büroräume, Kreativräume, Praxisräume, Bastelräume, Turnräume, Verkaufsräume, Speiseräume … unendlich weiter könnten wir fantasieren und assoziieren über … räume. Ein Leben ist nicht vorstellbar ohne Räume, genauer, ohne Begrenzung von Orten und auf Orte, ohne Schutzräume oder Nester oder Häuser, die uns Schutz, Geborgenheit, Intimität, Möglichkeit der Selbstverwirklichung, der Interaktion und zum Ausprobieren geben. Räume als Ermöglichungs- oder Erprobungsräume, die zugleich oder andererseits auch Ausdruck von Machtausübung und hierarchischer Ausgrenzung sind.

Räume spielen in der Theologie, Kirche, Bildung und Öffentlichkeit eine zentrale Rolle, die jeweils Prozesse ermöglichen und/oder verhindern. Wir haben diese wesentliche Bedeutung von Räumen für die (gemeinde)pädagogische und kirchliche Praxis zum Anlass genommen, wieder einmal ein Heft dazu zu machen. Zugegeben: 2006 gab es bereits zwei Hefte zum Thema. Aber jetzt sind wir elf Jahre weiter und die Relevanz des Themas hat nicht abgenommen.

Raum ist nicht nur ein umbauter geometrischer Hohlraum, der von Menschen und Dingen gefüllt wird, sondern in erster Linie eine soziale Konstruktion, die auch ohne äußere Umbauung durch Interaktion hergestellt wird. In diesem Sinn ist auch die Zeitschrift Praxis Gemeindepädagogik ein Raum – und zwar ein wertvoller - hoffentlich für viele Leserinnen und Leser, in jedem Fall aber für die Macherinnen und Macher der Zeitschrift. Eine Person, die in den zurückliegenden 16 Jahren entscheidend diesen Raum gestaltet und geprägt hat, hat ihn jüngst verlassen: Jens Luniak, Layouter, Setzer, Gestalter und Produktioner – Mitarbeiter der Evangelischen Verlagsanstalt Leipzig GmbH bzw. des Evangelischen Medienhauses GmbH, hat sich beruflich verändert. Damit verliert die Zeitschrift einen kritischen und zugleich kreativen Menschen, der den Inhalten mit seiner Gestaltung in nahezu jedem Fall eine besondere Note gegeben hat, insbesondere seit unserem letzten Relaunch im Jahr 2011. Ich sage im Namen der Redaktion danke! Und ich spreche gute Wünsche aus für die weiteren Gestaltungsvorhaben in Bezug auf den Lebenslauf wie auf berufliche Aufgaben. Es war eine großartige Zusammenarbeit! Den Staffelstab hat ab dieser Ausgabe Kai-Michael Gustmann als Mitarbeiter für die Medienproduktion im Evangelischen Medienhaus GmbH übernommen. Die Redaktion freut sich über den nahtlosen Anschluss und freut sich auf die weitere Zusammenarbeit!

Und noch ein weiterer personeller Wechsel ist zu vermelden: Ich beende hiermit meine Mitwirkung in der Redaktion und meine Tätigkeit als Schriftleiter. Es ist Zeit, wieder einmal Raum zu geben für neue Impulse und Akzente – sowohl der Zeitschrift als auch mir in meinem Leben. Ich habe sehr viel gelernt durch die Tätigkeit als Schriftleiter und erlebte die Redaktionsarbeit als bereichernd und inspirierend. Das Zusammenwirken in der sich immer wieder verändernden Redaktion und mit dem Verlag war ein Gewinn für mich. Danke dafür! Und meinen Nachfolger, Dr. Lars Charbonnier, sowie den anderen Redaktionsmitgliedern begleiten meine herzlichen Segenswünsche. Von Ihnen, den Leserinnen und Lesern, wünsche ich mir zum Abschied, dass sie der Zeitschrift in kritisch-konstruktiver Partnerschaft verbunden bleiben.

Matthias Spenn

Meditation

Clemens W. Bethge

Religion wird heute vor allem *erlebt*. Dieser auf den ersten Blick banale Satz hat es in sich. Aus ihm sprechen zwei fundamentale Tendenzen, von denen die Lebens- und Alltagsvollzüge von Menschen, eingeschlossen deren Religiosität, heute geprägt sind: Ästhetisierung und Individualisierung. Das heißt zum einen: Bei der Sinnsuche und Sinnvergewisserung verlieren begriffliche Vorstellungen an Bedeutung zugunsten von sinnenhaftem Erleben („aisthesis"). Und zum anderen: Traditionen verstehen sich nicht mehr von selbst. Anders gesagt: Nicht mehr eine übergeordnete Autorität, sondern die Erfahrung Einzelner ist die entscheidende Instanz dafür, ob überlieferte Glaubensinhalte und Symbolisierungen als plausibel angesehen und ob die Deutungskategorien christlicher Religionskultur angeeignet werden. Religiosität ist individualisiert.

Vor diesem Hintergrund gewinnen für die Religiosität von Menschen auch konkrete Räume an Bedeutung, nämlich in ihrer Eigenschaft, den Menschen in seiner Leiblichkeit zu tangieren und alle seine Sinne zu affizieren. Die Ästhetisierungstendenz profiliert sich in diesem Bereich dahingehend, dass das Verlangen nicht nach dem marginalisierten Raum steht, wie er etwa in den Transiträumen, den ‚Nicht-Orten' (Marc Augé), in Flughäfen, Einkaufszentren, Hotelhallen und dergleichen, begegnet bzw. gerade nicht begegnet, sondern der nur durchquert wird – solcher Raum ist gerade beherrschbar und wird seit langem beherrscht, kann in Sekundenschnelle mit einem Mausklick überwunden werden. Gefragt ist vielmehr gerade der Raum, der als solcher bewusst wird, der seiner Räumlichkeit gewahr werden und eine wirkliche Raumerfahrung machen lässt, Räume, in denen sich länger aufzuhalten lohnend und sinnstiftend zu sein verspricht.

Kirchenräume, so scheint es, sind in besonderem Maße dazu geeignet, dieses Bedürfnis zu stillen. Viele fühlen sich offensichtlich in besonderem Maße und auf besondere Art und Weise von Kirchenräumen – von dem Sinnhorizont, den sie wachrufen, von ihrer besonderen Anmutung durch Lichteinfall, Raumhöhe, Klangerlebnis, durch die Perspektiven, die sich in der Begehung eröffnen usw. – angesprochen und respondieren in der einen oder anderen Weise auf diese Anrede, ihnen geschieht etwas. Auch die evangelische Theologie und ihre Nachbardisziplinen erwachen seit einigen Jahren aus ihrer ‚Raumvergessenheit' und Raum wird in den verschiedenen theologischen Fächern zum Thema.

Ob dies dann als ‚spatial turn' apostrophiert wird oder nicht, darauf kommt es nicht an. Entscheidend ist die Erkenntnis: Geschichte(n), Erfahrungen, Religiosität, Bildungsprozesse, diakonisches, pädagogisches und gottesdienstliches Handeln – all das und noch viel mehr findet nicht nur in Räumen statt, es wird von diesen wesentlich mit bestimmt und verschränkt sich mit ihnen. So haben Raumerfahrungen in den großen Texten der Religionen ihren Niederschlag gefunden. Umgekehrt hinterlässt das Tun und Lassen seinen Abdruck in den konkreten Räumen. Und schließlich: Nie gibt es uns, nie gibt es unsere Vorstellungen, unser Fühlen und Denken ohne Raum. Was dies für die Räume (und den Umgang mit ihnen) und für all jenes, was in ihnen geschieht, bedeutet, und für die religiösen Symbolisierungen und Deutungskategorien – das ist ein weites Feld, das sich da auftut und erkundet sein will, ein offener Raum.

Dr. Clemens W. Bethge ist theologischer Referent im Konsistorium der EKBO und wurde mit einer theoretischen Arbeit zum Thema Kirchenraum promoviert.

Räume für die gemeindepädagogische Arbeit

Uwe Hahn

Das Pfarrhaus meiner Kindheit hatte einen prägnanten Geruch. Dabei erinnere ich mich nicht an die Düfte, die aus den Küchen der zahlreichen Mieter strömten, sondern an diesen Mischgeruch der Gemeinderäume. Eine Verbindung von Linoleum, Bohnerwachs, Feuchtigkeit und einer Brise Hylotox (ein sehr wirksames und heute verbotenes Mittel gegen Holzwürmer vom VEB Fettchemie). Dieser Geruch war kein Alleinstellungsmerkmal, sondern begegnete mir später in Pfarrhäusern im ganzen Land. Heute gehört dieser Geruch der Vergangenheit an. Kirchen, Pfarrhäuser und Gemeinderäume wurden in den letzten Jahrzehnten umfangreich saniert. Es ist eine Freude die vielen intakten Kirchengebäude zu sehen. Bei den Räumen ist meine Wahrnehmung dagegen viel differenzierter. Und ich frage mich: Nach welchen Kriterien bauen wir unsere Räume? Da ist oft der Denkmalschutz, der beachtet werden muss, die Erwartungen und Gefühle wichtiger Gemeindeglieder, das Finanzbudget, das ästhetische Empfinden von Kirchenvorstand und Mitarbeiterschaft und … Manchmal entstehen auch Raumkonzepte für und mit den Gruppen, die die Räume später nutzen. Warum nicht immer? In den meisten Kirchgemeinden sind die räumlichen Möglichkeiten begrenzt und es ist notwendig, dass die vorhandenen Räume von mehreren, unterschiedlichen Gruppen genutzt werden. Diese Mehrfachnutzung birgt Stress. Nach welchen Kriterien gestaltet man einen Raum, in dem sich Kinder, Männerkreis, Chor und Senioren wohl fühlen?

In der sächsischen Umfrage zur Arbeit mit Kindern von 2016 finden 56 % der befragten Kinder ihren Gemeinderaum sehr schön und nur 4,2 % finden den Raum furchtbar. Alles gut? Man kann es auch so betonen: Fast die Hälfte der Kinder findet den Raum nicht „sehr schön". Aber trifft das den Kern? Die große Zustimmung der Kinder ist eine Aussage, die das Wohlfühlen beschreibt und vielleicht weniger die Qualität der Räume.

Auch die Mitarbeitenden wurden zur Raumsituation befragt und hier wird es etwas differenzierter. Die Räume für die Arbeit mit Kindern werden in der Regel auch von anderen Gruppen genutzt. Damit gehen Abstriche einher. Eine kindgerechte Einrichtung ist nur teilweise möglich und der Raum kann eher weniger nach den eigenen Vorstellungen gestaltet werden. Dass Arbeitsergebnisse präsentiert werden können, sollte selbstverständlich sein. Aber auch hier gibt es Ausnahmen. Tatsächlich! In den meisten Gemeinden sind Gärten und Freiflächen zum Spielen und Toben vorhanden. Das Angebot kann bei Bedarf im Freien stattfinden. Auch wenn nur weniger Kinder mit Handicap die Angebote besuchen, ist jedoch die begrenzte Barrierefreiheit ernüchternd.

Nach welchen Kriterien sollten Gemeinderäume gestaltet werden. Ich plädiere für Funktionalität. Die Räume sollten hell, freundlich und einfach zugänglich sein. Nicht zu viele Möbel, damit man die Sitzordnung problemlos ändern kann und es auch freie Flächen gibt. Tische und Stühle sollten leicht und stabil sein. Es braucht genügend verschließbare Abstellflächen, damit jede Gruppe ihre Materialien lagern kann. Natürlich dürfen Präsentationsflächen nicht fehlen, denn jede Gruppe sollte zeigen, in diesem Raum bin auch ich beheimatet.

Uwe Hahn ist Bezirkskatechet in Leipzig und Mitglied der Redaktion

Räume erschließen – Zugänge und Perspektiven

Christopher Zarnow

Räume spielen in verschiedenen Zusammenhängen der gemeinde- und religionspädagogischen Praxis eine Rolle. Als gebaute und gestaltete Räume in Form von Kirchengebäuden, Gemeindehäusern, Klassenzimmern oder Freizeitheimen ermöglichen sie die Arbeit in Gruppen, vermitteln sie Erfahrungen und Atmosphären.

Insbesondere Kirchengebäude bringen in ihrer Raumordnung und Raumsymbolik bestimmte religiöse Überzeugungen, Haltungen und Positionen programmatisch zum Ausdruck. Pädagogische Arbeit in Kirchenräumen wird daher immer auch Arbeit mit bzw. an dem Raum selbst sein. Man bewegt sich gleichsam in einem gebauten Text, wenn dieser auch aus fremden und unverständlichen Schriftzeichen bestehen mag. Die Kirchenraumpädagogik greift diese Einsicht unter einer symboldidaktischen und religionshermeneutischen Fragestellung auf.

Aber nicht nur der gebaute Raum spielt in religionspädagogischen Kontexten eine Rolle. In abgeleiteter Weise kann davon gesprochen werden, dass pädagogisches Handeln Erfahrungs-, Lern- und Begegnungsräume eröffnet. Neuere Forschungsansätze der Raumsoziologie sensibilisieren dafür, dass sich menschliche Interaktionen nicht nur in vorgegebenen Räumen abspielen, sondern in gewisser Weise Räume selbst erst produzieren. Beim gottesdienstlichen Abendmahl wird durch liturgische Handlungen ein symbolischer Gemeinschaftsraum aufgespannt. Diesen Raum gibt es nur und insofern, als er sich im Vollzug der Abendmahlspraxis für die Beteiligten eröffnet. Auf Konfirmandenfreizeiten werden durch Rituale wie die Morgen- und die Abendandacht nicht nur andere Zeiten inszeniert, sondern auch andere Räume gestaltet, um religiöser Erfahrungsdeutung Raum zu geben.

Nachdenken über Räume – Diskursgeschichte(n)

Schon diese Beispiele zeigen: Offensichtlich kann vom Raumbegriff auf sehr unterschiedliche Art und Weise Gebrauch gemacht werden. Mit Raum kann die konkrete, gebaute Umgebung gemeint sein oder auch der Raum, der in Anspruch genommen bzw. konstituiert wird durch Aktionen, Erfahrungen oder Gefühle. Man kann für das 20. Jahrhundert von einer fortschreitenden Pluralisierung von Raumdiskursen sprechen. Je nach wissenschaftlichem Zugang kann die Rede sein von sozialen Räumen, von politisch-geographischen Räumen, von ästhetischen Räumen, von medialen und virtuellen Räumen, von Gefühlsräumen und Raumatmosphären, von einer existenziellen Räumlichkeit des Daseins.

Das Nachdenken über den Raum sowie über Fragen seiner Anordnung und Organisation gewinnt an Bedeutung in einer Zeit, in der Entfernungen (scheinbar) an Bedeutung verlieren und sich die Welt – zumindest in medialer Hinsicht – global verdichtet. Der Philosoph Michel Foucault hatte bereits im Jahr 1967 die eigene Gegenwart als ein Zeitalter des Raumes charakterisiert. Anders als im 19. Jahrhundert, dem Jahrhundert des Historismus und der Geschichte, würde die Welt heute „nicht so sehr als ein großes Lebewesen verstanden, das sich in der Zeit entwickelt, sondern als ein Netz, dessen Stränge sich kreuzen und Punkte [sich] verbinden“ (Foucault 1967, 317). Schon Jahrzehnte vor der Internetrevolution stellte der französische Gelehrte die räumliche Metapher des Netzes ins Zentrum seiner Gegenwartsdiagnose.

Die Bedeutung der Raumthematik für die Analyse der eigenen Gegenwart ist jüngst von Kultur- und Sozialwissenschaften neu entdeckt worden. Einige proklamieren eine regelrechte raumwissenschaftliche Wende, einen spatial turn. Die eigene Wissenschaftsgeschichte wird in etwa so erzählt: Lange Zeit habe der Raum kaum eine Rolle innerhalb der sozial- und kulturwissenschaftlichen Theoriebildung gespielt. Die Fragen, die gestellt wurden, lauteten „Warum?“, „Wer?“, vielleicht noch „Wann?“ – aber nicht „Wo?“. Diese (vermeintliche) Ortlosigkeit und „Raumvergessenheit“ der Sozial- und Kulturwissenschaft soll nun überwunden werden. Fragen des Raums und der Räumlichkeit werden aus dem Hintergrund der Theoriebildungen geholt und ins Zentrum des Nachdenkens gestellt. Nachdem der Raum in vielen klassischen soziologischen Untersuchungen als eine Art physikalische Konstante bzw. materielles Substrat galt, in dem sich das gesellschaftliche Geschehen abspielt, richtet sich die Aufmerksamkeit nun auf Techniken und Mechanismen, durch die Räume hergestellt, verhandelt, aufgeteilt und geordnet werden.

Fokus: Kirchengebäude

Auch innerhalb der Theologie und Religionspädagogik lässt sich ein neu erwachtes Interesse an raumtheoretischen Fragen beobachten. Ein Schwerpunkt liegt dabei auf der Auseinandersetzung mit Fragen einer Theologie des Kirchengebäudes, die sich am eigenen protestantischen Erbe abarbeitet: Nach lehrmäßiger evangelischer Überzeugung steht der einzelne Gläubige in unmittelbarer Beziehung zu Gott. Der Kirche wird keine heilsvermittelnde Bedeutung zuerkannt, das Kirchengebäude wird entsprechend funktional als gottesdienstlicher Versammlungsort bestimmt, aber nicht als abgesonderter „heiliger Ort“. Demgegenüber sensibilisiert die Übernahme raumtheoretischer und rezeptionsästhetischer Perspektiven für die religiösen Qualitäten, die Kirchenräumen von ihren Besucherinnen faktisch zugeschrieben werden – ganz unabhängig von Fragen der theologischen Dogmatik.

Fokus: Urbane Räume

Ein anderes Themenfeld, auf dem es gegenwärtig zu Berührungen zwischen Raum- und Religionstheorie kommt, stellt die Stadtforschung dar. Lange Zeit spielten Fragen der Religion keine besondere Rolle innerhalb der Stadtsoziologie und Urbanistik. Leitend war vielmehr die Annahme, dass die moderne Großstadt von einem säkularen Lebensgefühl durchdrungen sei, durch das religiöse Themen zunehmend marginalisiert und in den privaten Raum verschoben würden. Verschiedene Untersuchungen der letzten Jahre haben im Gegensatz dazu gezeigt, wie vielfältig sich das religiöse Leben in den Metropolen der Gegenwart darstellt und wie vielschichtig die Wechselbeziehungen sind, in denen religiöse Akteure mit ihrer urbanen Umgebung interagieren. Religiöse Topographien sind gleichsam in den urbanen Raum eingeschrieben und dann folglich auch von diesem aus zu lesen.

Dabei lässt sich der urbane Raum selbst auf ganz verschiedene Weise deuten. Der Raum der Stadt ist beschreibbar als materieller (gebauter) Raum, als sozialer Interaktionsraum, als Raum diskursiver Zuschreibungspraktiken, als politische Verwaltungseinheit, als lebensweltliche Bühne, als öffentlicher und privater Raum usw. Alle diese möglichen Beschreibungsperspektiven auf den städtischen Raum eröffnen auch eine eigene Sicht auf das Thema der Religion: Religion manifestiert sich im Raum der Stadt in Gestalt von Bauten wie Kirchengebäuden, Gemeindehäusern, Diakoniestationen, konfessionellen Kindertagesstätten, Familienbildungszentren, Friedhöfen usw. Der religiöse Raum lässt sich aber auch als Verwaltungseinheit (Parochie, Stadtdekanat) beschreiben, die sich territorial ➜

mit städtischen Verwaltungseinheiten (Kommune, Bezirk) überschneidet und mit ihnen im Austausch befindet. Auf wieder anderer Ebene lässt sich der religiöse Raum als Sozialraum beschreiben, der in bestimmten städtischen Milieus verwurzelt ist und zu unterschiedlichen Formen religiöser Vergemeinschaftung führt.

Im Zuge des spatial turn liegt der Blick dabei besonders auf der Analyse von Praktiken, durch die urbane Räume ausgehandelt bzw. überhaupt erst hergestellt werden (spacing). Entsprechend unterscheidet die Religionsethnologin Irene Becci zwischen Praktiken des religiösen place keeping und place making (Becci 2015). Religiöse place keeper verfügen über einen Eigenraum, den sie gestalten, bespielen, für andere öffnen oder auch gegenüber anderen verteidigen. Andere religiöse Gemeinschaften (freikirchliche Gruppierungen, Migrantengemeinden) mieten sich Räume für ihre Gottesdienste und Gemeindeaktivitäten an, die sie sich für ihre Zwecke anverwandeln. Sie fungieren darin als place maker, die sich sonst anders genutzten Raum (Kinosäle, Gemeindehäuser und Kirchen landeskirchlicher Gemeinden) temporär aneignen. Aber auch die landeskirchlichen Gemeinden agieren immer wieder raumschaffend als place maker. Aktionen wie der St.-Martins-Umzug, die Karfreitags-Prozession oder der Open-Air-Gottesdienst auf dem Stadtteilfest lassen Religion vorübergehend als öffentliche Größe in Erscheinung treten.

Es ist eine Aufgabe der empirischen Religionsforschung, die komplexen Konfigurationen, in denen Religion in den städtischen Raum eingeschrieben ist, differenziert zu beschreiben. In theologischer Hinsicht ist darüber hinaus zu fragen, welche existenziellen Themen mit dem Erfahrungsraum der urbanen Alltagswelt verbunden sind. In der Großstadt als Laboratorium der Moderne verdichten sich Erfahrungen der Individualisierung und Beschleunigung, der Fragmentierung von Identitäten, der Anonymisierung des Lebens. Die Erschließung solcher großstädtischer Differenzerfahrungen im Lichte der christlichen Glaubenstradition ist die zentrale Aufgabe einer theologischen und religionspädagogischen Praxis, die sich religionssensibel auf ihre urbane Lebenswelt einlassen will.

Literatur

Becci, Irene, New religious diversity in Potsdam: keeping, making, and seeking place, in: epd-Dokumentation 36/2015, S. 11–17.

Becker, Jochen/Klingan, Katrin/Lanz, Stephan/Wildner, Kathrin (Hrsg.), Global Prayers. Contemporary Manifestations of the Religious in the City, Zürich 2014.

Bethge, Clemens W., Kirchenraum. Eine raumtheoretische Konzeptualisierung der Wirkungsgeschichte, Stuttgart 2015.

Döring, Jörg/Thielmann, Tristan (Hrsg.), Spatial Turn. Das Raumparadigma in den Kultur- und Sozialwissenschaften, Bielefeld 2008.

Dünne, Jörg/Günzel, Stephan (Hrsg.), Raumtheorie. Grundlagentexte aus Philosophie und Kulturwissenschaften, Frankfurt am Main 2006.

Foucault, Michel, Von anderen Räumen (1967), in: Dünne, Jörg/Günzel, Stephan (Hrsg.), Raumtheorie. Grundlagentexte aus Philosophie und Kulturwissenschaften, Frankfurt am Main 2006, S. 317–329.

Kanitz, Juliane/Moos, Thorsten/Thiesbonenkamp-Maag, Julia/Zarnow, Christopher, Zwischenbericht: Religion in neuen Stadtquartieren – eine vergleichende Studie, unveröffentl. Manuskript, Heidelberg 2017.

Koch, Anne/Theißen, Henning (Hrsg.), Raum – Der spatial turn in Theologie und Religionswissenschaft, Verkündigung und Forschung, 62. Jahrgang, 1/2017.

Löw, Martina, Raumsoziologie (2001), Frankfurt am Main 2012.

Tillich, Paul, Der Widerstreit von Zeit und Raum (1959), in: Ders., Gesammelte Werke, Bd. VI, Stuttgart 1963, S. 140–156.

Prof. Dr. Christopher Zarnow ist Professor für Systematische Theologie an der Evangelischen Hochschule Berlin.

Der Reichtum der Kirche an Steinen

Evangelische Kirchenräume in Zahlen

Tabea Langguth

In Deutschland stehen über 20.500 Kirchen und Kapellen im Eigentum der evangelischen Kirche. Die Gebäude stehen für den Mittelpunkt des gemeindlichen Lebens, haben jedoch auch eine Außenwirkung, wie Wolfgang Huber festhält: „Sie sind Wahrzeichen eines Ortes, eines Stadtteils und oft einer ganzen Region." 85 Prozent der Kirchen und Kapellen der evangelischen Kirche wurden vor 1945 erbaut und 81 Prozent stehen unter Denkmalschutz. Zusätzlich stehen den Menschen über 3.000 Gemeindezentren mit integriertem Kirchenraum für Gottesdienstfeiern und Besuche zur Verfügung. Neben einem großen Kirchenraum für regelmäßige Gottesdienstfeiern zeichnen die Gemeindezentren noch weitere Räume für das Gemeindeleben aus. Fast drei Viertel der Gemeindezentren mit integriertem Kirchenraum wurden zwischen 1945 und 1990 erbaut (73 Prozent). Nur 11 Prozent der Gemeindezentren stehen unter Denkmalschutz. Darüber hinaus gibt es eine Vielzahl von weiteren regelmäßigen gottesdienstlichen Stätten, wie z.B. Gottesdiensträume in Senioreneinrichtungen und Krankenhäuser, die bisher nicht statistisch erfasst werden.

Kirchengebäude spielen sowohl für aktive als auch eher inaktive Kirchenmitglieder sowie für Nichtkirchenmitglieder eine Rolle. Anne Körs hält in diesem Zusammenhang fest: „Kirchenräume sind nicht nur Gotteshäuser, sondern – gerade durch ihre Bedeutungsvarianz sowie als Erinnerungs- und Gefühlsräume – wichtige symbolische Orte der Gesellschaft." Dies zeigt sich auch daran, dass sich Menschen stark für den Erhalt von Kirchengebäuden engagieren – auch in atheistisch geprägten Teilen von Deutschland. Gesellschaftliche Entwicklungen haben den Kirchenbau in Deutschland insgesamt stark geprägt. So reagierte die evangelische Kirche nach dem Zweiten Weltkrieg auf den „Hunger nach dem Wort Gottes", der sich in hohen Teilnehmerzahlen an Gottesdiensten abbildete, sowie auf das durch Flüchtlinge und Vertriebene geänderte Konfessionsgefüge und errichtete verstärkt neue Kirchen bzw. baute durch den Krieg zerstörte Kirchengebäude wieder auf. Zu dieser Zeit war zudem die Mobilität der Bevölkerung geringer, so dass Gottesdienststätten stets in Wohnortnähe vorzufinden sein mussten und größere Gemeinden in kleinere mit eigenem Kirchengebäude aufgeteilt wurden. Inzwischen zeichnet sich eine andere gesellschaftliche Entwicklung in Deutschland ab. Unter anderem Kirchenaustritte sowie der demografische Wandel haben zu sinkenden Gemeindegliederzahlen geführt. Gleichzeitig wächst das Kostenbewusstsein in den Gemeinden und die Mobilität der Bevölkerung. Trotzdem sinkt die Anzahl der Kirchengebäude bisher nur gering. Seit 1990 wurden 2,7 Prozent der Kirchengebäude neu gebaut (391), nicht genutzte Kirchengebäude saniert (140) oder Kirchengebäude gekauft bzw. durch Schenkungen erhalten (22). Im gleichen Zeitraum wurden 332 Kirchen und Gottesdienststätten nicht mehr zu gottesdienstlichen Zwecken genutzt oder an Dritte vermietet sowie 377 Kirchen und Gottesdienststätten verkauft oder abgerissen. Das sind 3,5 Prozent aller Kirchengebäude. Die Zahl der verkauften Kirchengebäude übersteigt mit 72 Prozent deutlich die Anzahl der abgerissenen Kirchengebäude seit 1990. Allein im Jahr 2015 handelte es sich um 10 verkaufte Kirchen und Gottesdienststätten und 3 abgerissene Gebäude.

Betrachtet man Gemeindezentren mit integriertem Kirchenraum, zeigt sich, dass sich mit Abstand die meisten Gemeindezentren in der Evangelisch-Lutherischen Kirche in Norddeutschland befinden (763 Zentren). Es folgt die Evangelische Kirche im Rheinland mit 339 Zentren. Auf die Anzahl der Kirchengebäude und Kapellen bezogen, hat die Evangelische Kirche in Mitteldeutschland die Spitzenposition mit 3.931 Kirchen und Kapellen. Die wenigsten Kirchen und Kapellen lassen sich in der Evangelisch-Lutherischen Landeskirche Schaumburg-Lippe finden (26 Stück).

Die meisten Kirchenmitglieder pro Kirchengebäude (Kirchen, Kapellen und Gemeindezentren mit integriertem Kirchenraum) sind in der Bre- ➜

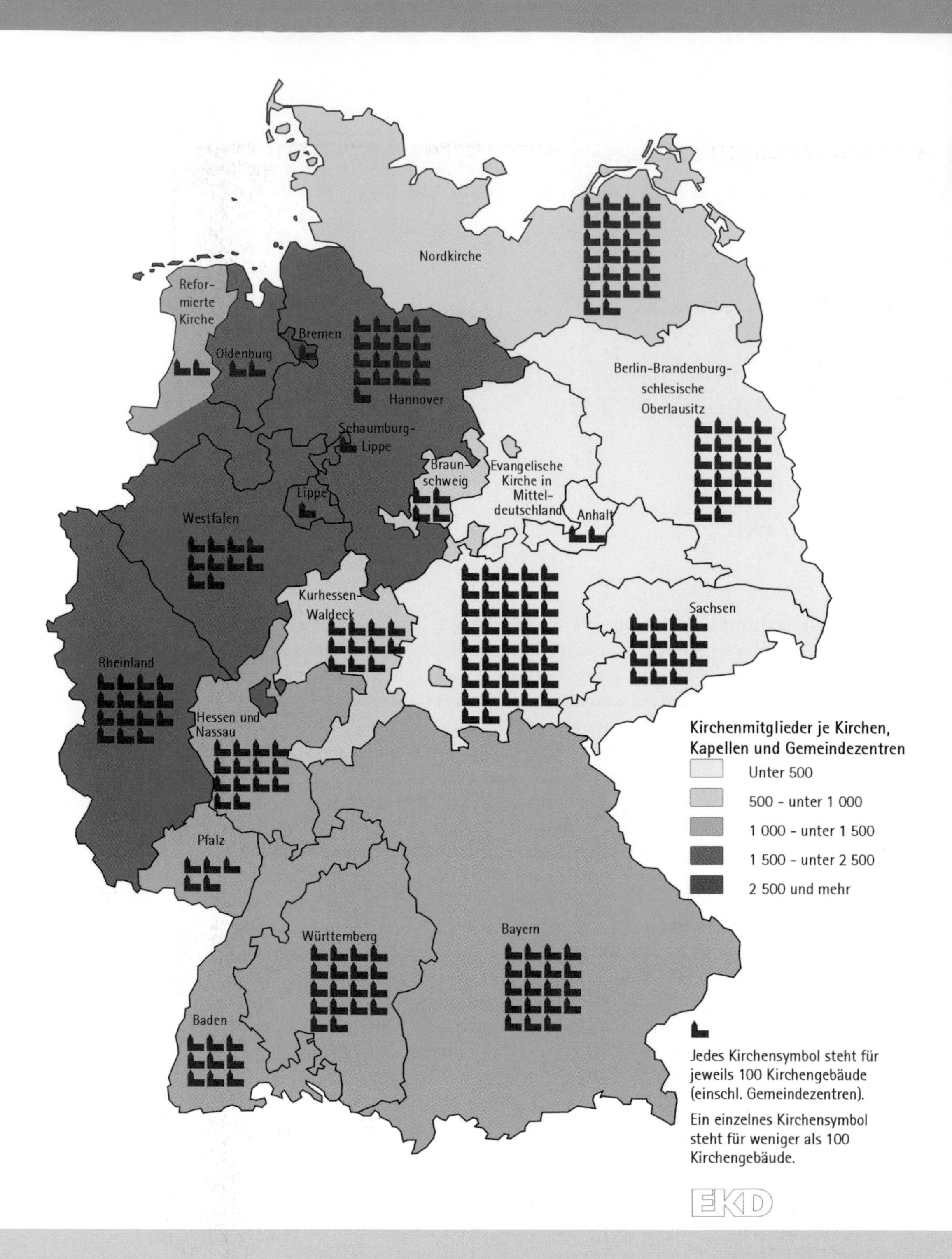

Abbildung 1:
Kirchenmitglieder je Kirchen, Kapellen und Gemeindezentren, Stand: 31.12.2015

Quelle: Kirchen und Gottesdienststätten in der evangelischen Kirche im Jahr 2015, © Kirchenamt der EKD Hannover, Januar 2017.

mischen Evangelischen Kirche zu verzeichnen (über 2.500 Kirchenmitglieder pro Kirchengebäude, Stand: 31.12.2015). Die Schlusslichter in dieser Betrachtung bilden die Evangelische Kirche Berlin-Brandenburg-schlesische Oberlausitz, die Evangelisch-Lutherische Landeskirche Sachsens, die Evangelische Kirche in Mitteldeutschland sowie die Evangelische Landeskirche Anhalt (vgl. Abbildung 1). Interessanterweise bilden die Landeskirchen Anhalt und Sachsen jedoch die Spitzenwerte, wenn es um die Betrachtung der durchschnittlichen Gottesdienstbesucherinnen und Gottesdienstbesucher im Verhältnis zu den Kirchenmitgliedern geht (vgl. EKD-Erhebung „Äußerungen des kirchlichen Lebens (Tabelle II)“ im Jahr 2015).

Ein Gebäudevergleich zur katholischen Kirche ist nach aktueller Recherche nicht möglich, da es dafür noch keine übergreifende Abfrage auf römisch-katholischer Seite gibt.

Tabea Langguth ist Soziologin und arbeitet in der Statistik im Medienhaus der Evangelischen Kirche Berlin-Brandenburg-schlesische Oberlausitz, Berlin.

Kirchenräume – Geschichte zeigen, Haltepunkte geben, Erleben ermöglichen

Ein Gespräch mit der Architektin Sina Stiebler

Frau Stiebler, Sie arbeiten als Architektin mit denkmalgeschützten Kirchengebäuden im Norden Sachsen-Anhalts. Was reizt Sie daran, alte, teilweise ja auch schon baufällige oder auch vernachlässigte Kirchengebäude zu sanieren in einem Landstrich, in dem fast jedes kleine Dorf eine Kirche hat, die Bevölkerung und die Zahl der Kirchenmitglieder aber tendenziell abnimmt?

Für mich gibt es da mehrere Grundintentionen: Primär spiegelt jede Kirche unsere Geschichte wider – Besiedlung, Christianisierung, Kriege, Alltagsleben, Familiengeschichten… Die Kirchen bilden oft den Mittelpunkt des Dorfes. Sie waren über Jahrhunderte der wichtigste, zentrale Ort. Sie boten Zuflucht (Schutz), dienten als zentraler Treffpunkt für die Bewohner und waren natürlich Ort der Glaubenspraxis.

Ich halte es für wichtig, dies zu bewahren und die Spuren, die jede Generation in der Kirche hinterlassen hat, zu dokumentieren und, wenn noch möglich, zu zeigen.

Mir ist wichtig, bewusst, präsent und erlebbar zu machen, wie unsere Vorfahren mit und in der Kirche bzw. dem Glauben gelebt haben – wir sind doch heute das Ergebnis dieser Entwicklungen.

Aber mit dem Erhalt und der Wiederbelebung der historischen Dorfmitte geht es mir auch um das Schaffen eines kleinen Haltefaktors entgegen dem demografischen Trend. Meine Erfahrungen zeigen mir immer wieder: Ist die Kirche wieder schick und nutzbar, steigert das den dörflichen Zusammenhalt, werden die Menschen vor Ort wieder aktiv. Sie sind stolz auf ‚ihre' Kirche.

Ich stelle immer wieder fest, dass jede Kirche – mögen die Dörfer noch so dicht beieinander liegen – individuell von den Vorfahren gestaltet wurde; jede hat etwas einzigartig Besonderes, keine gleicht der anderen.

Sie haben bei Ihrer Arbeit ständig mit unterschiedlichen Interessenten und Interessen zu tun. Welches sind die größten Herausforderungen, mit denen Sie dabei immer wieder konfrontiert sind?

Herausfordernd ist, den Spagat zwischen den oft haustümlichen Wünschen der Kirchengemeinde zur Gestaltung und künftigen Nutzung und dem Denkmalschutzgesetz des Landes hinzubekommen. Ein Beispiel: Die ‚moderne' Kirchengemeinde möchte kein festes Bankgestühl mehr, sondern wünscht komplett freie Bestuhlung; aus Denkmalperspektive gehört aber das historische, oft bemalte feste Bankgestühl in diese Kirche. Ich versuche dann, Kompromisse zu finden. Auch Farbkonzepte sind immer ein spannendes Thema.

Sensibel muss man auch mit den Einbauten oder Veränderungen der letzten Jahrzehnte umgehen: Zu DDR-Zeiten haben die Bewohner in Eigenleistung z. B. Erhaltungsmaßnahmen und Einbauten (Winterkirchen) vorgenommen – mit den Materialien und dem handwerklichen Können, das ihnen zur Verfügung stand, aber leider eben nicht unbedingt denkmalgerecht. Oft sind diese Menschen noch in der Kirchengemeinde aktiv, wenn wir mit einer denkmalverträglichen Sanierung beginnen. Da ist es wichtig, Hintergründe gut zu erklären, um niemanden zu verprellen. Aber auch die Forderungen der Landesdenkmalpfleger widersprechen oft dem Wunsch der Kirchengemeinde, der ja schließlich die Kirche gehört und die in ihr Leben möchte. Hier ist meine Berufsauffassung, ebenfalls zu vermitteln und den Kompromiss zwischen reinem Konservieren und heutiger Nutzung zu erzielen.

Ein Trend ist ja, Kirchen mit besonderen Funktions- oder Profilzuschreibungen zu versehen: Radfahrkirchen, Orgelkirchen, Kunstkirchen, Kletterkirchen, Jugendkirchen… Was halten Sie davon?

Diese sogenannten Themenkirchen zu entwickeln halte ich für einen spannenden und richtigen Weg. Man muss sich verdeutlichen, dass die knapp 40 Jahre DDR-Geschichte – und dieser Zeitraum ist im Hinblick auf die Menschheitsgeschichte unbedeutend – so viel für die Kirche kaputt gemacht hat. Jahrhunderte waren Glaube und Kirche ein fester, täglicher Bestandteil der Menschen. Dies ging in der DDR-Zeit verloren und auch in der Nachwendezeit gab es erst einmal viel Wichtigeres. Also ist es nun unsere Aufgabe, die Kirchen wieder ein wenig in den Mittelpunkt unseres Lebens zu rücken. Und das mit den Aspekten, die unser derzeitiges Leben begleiten und bestimmen. Warum nicht auf Radwandertouren an der Kirche rasten und gleichzeitig ein wenig Kultur erleben?

Die heute vielfältigen Freizeitinteressen – ob Klettern und Wandern, Konzerte unterschiedlicher Richtungen →

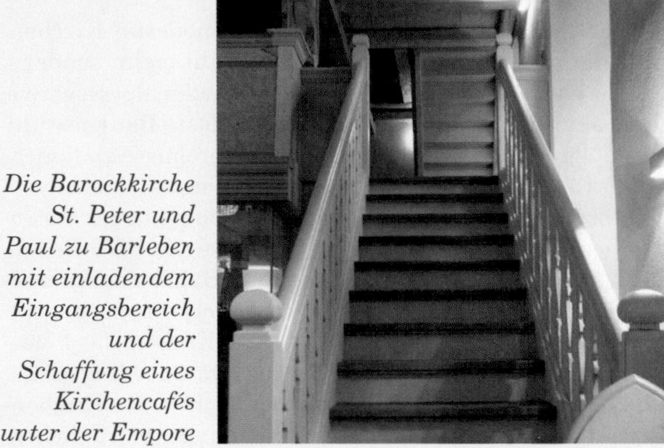

Die Barockkirche St. Peter und Paul zu Barleben mit einladendem Eingangsbereich und der Schaffung eines Kirchencafés unter der Empore

oder Kunstausstellungen – mit Kirche zu kombinieren halte ich daher für den richtigen Weg. Allein die Klage, dass die Gemeindeglieder immer weniger werden, wirbt keine neuen Mitglieder. Leben in der Kirche kann heute frisch und jung sein. Die kombinierte Nutzung und Öffnung der Kirchen ist dabei ein richtiger Schritt.

Das Ganze ist auch politisch zu sehen: Habe ich im kleinen Dorf etwas Besonderes, was Besucher anlockt, schaffe ich Bekanntheit, bekomme ich Spenden, um den Erhalt der Kirche zu finanzieren und habe gleichzeitig für die Region erreicht, dass wieder eine Dorfkneipe öffnet, Nahversorgungen sich wieder ansiedeln – denn Touristen wollen auch bewirtet werden … Durch die Vernetzung von dicht beieinanderliegenden Orten können auch Pensionen wiederbelebt werden, da Touristen dann kombiniert verschiedene Ausflugsziele ansteuern. So tue ich auch etwas für den Erhalt des Dorfes – ‚gegen den demografischen Trend'.

Natürlich spielt dabei auch die Förderfähigkeit eine Rolle. Jede Kirche ist ein Baudenkmal und die jeweiligen Eigentümer sind zum Erhalt gesetzlich verpflichtet. Doch die evangelische Kirche kann die jahrzehntelangen Sanierungsrückstände nicht allein finanzieren. Daher sind öffentliche Förderungen ein entscheidender Baustein zum Erhalt. Und mit ein bisschen Mehraufwand zu den reinen Instandhaltungsmaßnahmen kann ich einen großen Zusatzeffekt erzielen.

Wie gesagt: Jede kleine Kirche ist individuell, hat etwas Besonderes – dies gleichzeitig bekannt zu machen und touristisch zu vermarkten ist richtig.

Gibt es für Sie dabei auch Grenzen?

Bei der Umsetzung solcher Projekte ist für mich ganz entscheidend, dass auch mit neuer Nutzung die Kirche primär weiter als Kirche wahrgenommen wird. Alles Neue muss sich dezent einfügen und optisch unterordnen. Das historische Gebäude steht immer im Mittelpunkt. Grundsätzlich ist es mein Anliegen, auch mit kombinierten Nutzungen die Kirche zu erhalten und langfristig für Kirchenzuwachs zu sorgen, damit vielleicht in einhundert Jahren die Kirche für die vielen Gottesdienstbesucher zu eng oder zu klein ist.

Was zeichnet für Sie denn einen Kirchenraum besonders aus?

Mir sind die verfallenen Kirchen romanischen oder gotischen Ursprungs, die aufgrund der Abgeschiedenheit am wenigsten Veränderung erfahren haben, am liebsten – hier ist im Inneren so viel Geschichte zu spüren. Mit Ehrfurcht denke

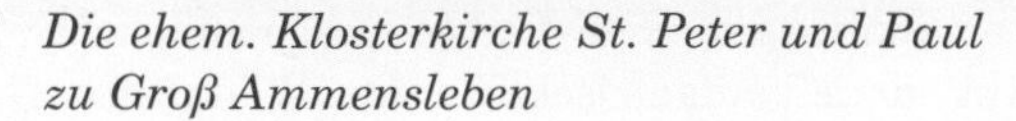

Die ehem. Klosterkirche St. Peter und Paul zu Groß Ammensleben

Die Dorfkirche in Isterbies bei Loburg – ein abgelegenes Kleinod romanischen Ursprungs mit kunsthistorisch sehr wertvoller Ausstattung, kombiniert mit einem Aufenthalts- und Ausstellungsraum zur „Straße der spätgotischen Flügelaltäre“

ich an die vielen Generationen, die hier Freud und Leid erlebt haben – diese kleinen, ursprünglichen Kirchen mit den vielen mittelalterlichen Spuren sind für mich der besondere Kirchenraum.

Wenn Sie könnten, wie Sie wollten: Was raten Sie der Kirche? Was ist Ihr Wunsch?

Ich bin seit fast 25 Jahren in der kirchlichen Denkmalpflege tätig und kann in meinem Tätigkeitsbereich feststellen, dass die evangelische Kirche in den zurückliegenden zehn Jahren an vielen Stellen die Zeichen der Zeit erkannt hat: Nur rein kirchliche Nutzungen reichen nicht, um ein Gotteshaus zu erhalten und als Kirche wieder mehr präsent in der Gesellschaft zu sein; wenn wir uns nicht modern ‚bewegen‘, neue Wege gehen – weg vom Festhalten an tradierten Handlungen – sind langfristig unsere Kirchen und Dörfer verloren.

Ich stelle fest, dass das Bewusstsein für Heimat und Bewahren vielen wieder wichtig ist. Dies mit meinem Fachwissen zu unterstützen und zu begleiten ist meine Berufung. Aber natürlich gibt es immer noch Kirchengemeinden und Pfarrer, die diese Veränderungen nicht wahr haben wollen bzw. Öffnungen der Kirchen und multifunktionale Nutzung ablehnen. Da muss man abwarten – entweder auf Einsicht oder manchmal auch auf den Generationswechsel.

Ein Traum wäre die Sanierung und Nutzungserweiterung ganz ohne finanzielle Zwänge – leider sind meist Kompromisse in der Umsetzung rein aus finanziellen Gründen notwendig. Aber da wird es garantiert keine Veränderung geben.

Die Fragen stellte Matthias Spenn.

Sina Stiebler ist freie Architektin in Magdeburg.
www.denkmal-architekten.eu

Technik im Kirchenraum

Ansprüche und Entwicklungsideen für eine *Multimediale Kirche*

Marlies Barkowski

„Erste Kirche zur Disco umfunktioniert", „Kirche wurde zum Kinosaal", „Wohnen im Gotteshaus" – die seit Jahren schwindenden Besucherzahlen zwingen die Kirchen immer öfter zum Verkauf. Und so entdecken die alten Mauern plötzlich Menschen, die sie noch nie zuvor gesehen haben. Nicht beim Gebet, sondern beim Tanzen oder Haareschneiden.

Was wäre denn eigentlich, wenn Kirche Kirche bleiben und trotzdem Besucher anlocken könnte? Was fehlt ihr in der heutigen Zeit? Wie können aktuelle multimediale Möglichkeiten genutzt werden, Kirchen zu erschließen und zugänglich zu machen? Wie können neue Entwicklungen der Technik genutzt werden, um neues Interesse zu wecken oder bestehendes Interesse zu verstärken? Diese Fragen haben die Hilfswerk-Siedlung GmbH, ein evangelisches Wohnungsunternehmen aus Berlin, beschäftigt. In Kooperation mit der Evangelischen Kirche Berlin-Brandenburg-schlesische Oberlausitz wurde im Oktober 2016 das Projekt „Multimediale (Dorf-)Kirche" gestartet. Zur wissenschaftlichen Begleitung wurde das Projektteam um Vertreter der Hochschule Mainz für den technischen und Vertreter der Friedrich-Alexander-Universität Erlangen-Nürnberg, Abteilung Christliche Publizistik, für den inhaltlichen Bereich erweitert.

Seit Projektbeginn arbeiten nun die verschiedenen Beteiligten an einem Ideenkatalog, wie ein Kirchenraum technisch beziehungsweise multimedial ausgestattet werden könnte. Der Ideenkatalog soll letztendlich Gemeinden deutschlandweit zur Verfügung gestellt werden.

Ideen

Hilfreich für die Entwicklung konkreter Zielformulierungen war vor allem die Zusammenarbeit mit zwei sehr unterschiedlichen Projektkirchen: der Kirche St. Peter und Paul in Nikolskoe bei Potsdam und der Dorfkirche in Papitz zwischen Berlin und Cottbus. Die erste als touristische Hochzeits- und Taufkirche, die zweite als Dorfkirche mit einer kleinen ansässigen Gemeinde. Im Gespräch mit Pfarrer, Gemeindepädagoge, Superintendent, Konfirmanden und Kirchenvorstehern konnten die bestehenden Voraussetzungen, Bedürfnisse und Wünsche der zwei exemplarischen Kirchen herausgearbeitet und in die Entwicklung einbezogen werden.

Instrumente wie Audioguides & ähnliches sind bereits in zahlreichen Kirchen vorhanden. Doch die aktuellen Entwicklungen ermöglichen heute einiges mehr. Und warum sollte Kirche in technischen Belangen stets Nachzügler sein? Mit innovativen Angeboten könnte das angestaubte Image vielleicht zumindest partiell aufgefrischt werden. Wie wäre es zum Beispiel, wenn ein Hologramm des jeweiligen Pfarrers die Besucher begrüßen würde? Ferne Zukunftsmusik oder vielleicht baldige Realität?

Praxisbeispiele

Ideen, die aus dem Projekt entsprungen sind und sich tatsächlich bereits in der Umsetzung befinden, sind eine Multimedia-Wand und eine Multimediale Kirchenbank. Bei der Multimedia-Wand handelt es sich letztendlich um ein interaktives Whiteboard, wie es mittlerweile in Schulen in Gebrauch ist. Den Impuls dazu boten die großen leeren Wände der Dorfkirche in Papitz, die geradezu danach riefen, belebt zu werden. Bei den Funktionen, mit denen eine solche Wand ausgestattet werden könnte, sind der Fantasie keine Grenzen gesetzt – technisch ist heute mehr möglich, als man vielleicht im ersten Moment vermuten mag. Die im Rahmen des Projekts entwickelte Wand kann natürlich Basics wie Video- und Audiodateien sowie Bilder abspielen und anzeigen. Aber sie kann auch als Digitales Gästebuch genutzt werden. Die große weiße Fläche des Boards bietet viel Freiraum für kreative Einträge der Kirchenbesucher. Die Einträge können mit dem dazugehörigen Stift direkt auf die Wand gemalt und geschrieben werden – es gibt allerdings auch die Möglichkeit, mit einem entsprechenden Stift versteckt auf Papier zu schreiben. Die Einträge können dann nach Belieben

auf der Wand ein- und ausgeblendet, abgespeichert oder gelöscht werden.

Bei der Multimedialen Bank handelt es sich um mit Tablets ausgestattete Kirchenbänke. Das Pilotexemplar verfügt über ähnliche Funktionen wie die Wand. Hervorzuheben wäre an dieser Stelle das Digitale Gesangbuch, das die Lieder des Evangelischen Gesangbuchs anzeigen soll. Hilfreich ist hier insbesondere die Zoom-Funktion. Außerdem verfolgt der Curser die Noten. Beides erleichtert das Mitsingen im Gottesdienst. Bei dieser Funktion wird jedoch deutlich, dass es sich bislang um einen Zwischenstand des Projekts handelt. Es bedarf – auch im Fall des Digitalen Gesangbuches - noch der Klärung einiger rechtlicher und auch technischer Fragen, um die Ideen letztendlich praktikabel und kostengünstig umsetzbar präsentieren zu können.

Spiritualität

Ein Thema, das in den letzten Jahren fast zu einem Trend geworden zu sein scheint, ist die Spiritualität – eigentlich eine große Chance für die Kirche. Momentan verbinden vermutlich die meisten Menschen Religionen wie den Buddhismus viel mehr mit Spiritualität als das Christentum. Auch hier knüpfen Ideen an, die im Rahmen des Projekts entstanden sind. Um spirituelle Erfahrungen im Kirchenraum zu erzeugen, wäre beispielsweise eine Anwendung denkbar, die den Besucher stimmungsvolle Elemente wie Licht und Musik individuell steuern lassen. So könnte jeder das für sich perfekte Ambiente kreieren, um Ruhe zur ganz persönlichen Besinnung zu finden.

Aufgrund des besonderen Charakters von Kirche und Kirchenraum spielen natürlich bei der Entwicklung aller Ideen auch Aspekte wie Datenschutz eine große Rolle. Generell soll das religiöse oder kirchliche Leben durch die medialen Ergänzungen nicht gestört, sondern vielmehr auf unauffällige Weise unterstützt werden. Alle Besucherinnen und Besucher, ob technikaffin oder nicht, sollen sich in der Kirche gleichermaßen wohlfühlen. So ist es wichtig, sensibel vorzugehen und bedacht abzuwägen. Auch wenn die Kirche sich den neuen Entwicklungen nicht verwehren sollte, so ist es trotzdem wichtig, dass durch die Integration von neuen Medien die Einzigartigkeit des Kirchenraums und klassische Formen nicht verloren gehen.

Erprobung

Im Rahmen des Kirchentags 2017 in Berlin wurde das Projekt erstmals der Öffentlichkeit vorgestellt. Das Feedback der Besucher hat ebenso wie das erste Erproben von Wand und Bank einige neue Anhaltspunkte für das weitere Vorgehen gegeben. Immer wieder wurde der Wunsch nach einer App für mobile Endgeräte laut. Dies war bereits in den Anfangsmonaten des Projekts Thema. Eine App wäre eine kostengünstige sowie flexible Möglichkeit, um Angebote wie das Digitale Gesangbuch, Informationen über Gebäude, Ort, Raum und Ausstattung oder die Anwendung für individuell steuerbares Ambiente für die verschiedenen Kirchenbesucher und Gemeindemitglieder zugänglich zu machen. Praktikabilität und Möglichkeiten der Verwirklichung sollen im weiteren Verlauf des Projekts nochmals geprüft werden, so dass das Projekthandbuch auch über diesen Punkt informieren kann.

In Aufnahme der Anregungen und Ideen soll nun bis November 2017 das Projekthandbuch entstehen. Es soll auch als Plattform dienen, zukünftige multimediale Ideen für die Kirche abzurufen, und einzubeziehen.

Wenn wir Ihr Interesse für das Projekt geweckt haben sollten, können Sie uns gerne jederzeit über **multimediakirche@hws-berlin.de** kontaktieren.

Marlies Barkowski ist wissenschaftliche Mitarbeiterin an der Abteilung Christliche Publizistik der FAU Erlangen-Nürnberg.

Die Kirche von innen her bauen …

Eine Jugendkirche in Haldensleben im Norden Sachsen-Anhalts

Ein Gespräch mit Robert Neumann

Seit etwa zwei Jahren wurde in Haldensleben eine kleine Kirche am Rand eines Wohngebiets mit Plattenbauten zu einer Jugendkirche umgebaut. Was war dafür der Anlass, wie ist es dazu gekommen?

Nach einigen Jahren meiner Arbeit mit Jugendlichen in Haldensleben habe ich gespürt, dass wir hier einen neuen Impuls brauchen. Die bisherige Junge-Gemeinde-Gruppe hatte sich gerade mal wieder auf 5 bis 7 Jugendliche reduziert. Das war der Anlass, einen Neuanfang zu versuchen. Die ersten Ideen waren vielfältig, sowohl was den Bau als auch die konzeptionelle Ausrichtung anging. Zuerst haben wir einen Vorstand gegründet, der aus den Mitgliedern der vorhandenen Gruppe bestand und die Funktion einer Projektgruppe übernommen hat. Wir haben uns dann entschieden, die Kirche von innen her zu bauen.

Unser Ziel war eine Gemeinschaft, deren Zentrum der Glaube ist und die ihn in Jugendgottesdiensten, Andachten, Themen und Aktionen lebt. Es war eine bewusste Entscheidung dieses auch nach außen sichtbar werden zu lassen. Das soll nicht bedeuten, dass wir nicht auch Konzerte und Veranstaltungen machen wollten, die sich nicht nur um den Glauben drehen.

Danach haben wir überlegt, wie die Kirche gestaltet sein müsste, damit wir Veranstaltungen machen können, in denen der Glaube jugendlich gelebt werden kann. Mit diesen Überlegungen sind wir natürlich noch nicht fertig, aber in einem ersten Schritt konnten wir eine Wand versetzen, alles etwas gemütlicher machen, eine Bar provisorisch einbauen und vor allem Ton- und Lichttechnik installieren.

Man muss dazu sagen, dass es sich bei unserer Kirche um eine kleine Holzkirche aus dem Jahr 1989 handelt, die schon vorher mit beweglicher Bestuhlung, Küche und Toiletten ausgestattet war.

Was ist denn besonders an einem kirchlichen Raum, der Jugendkirche ist, im Unterschied zu anderen Kirchen, die nicht so heißen?

Der Unterschied ist vor allem, dass der Raum an der Lebenswelt der Jugendlichen orientiert ist. Der Raum bleibt dennoch eine Kirche, nur dass die Jugendlichen hier selbst entscheiden, was sie brauchen, um ihre Beziehung zu Gott auf ihre Art leben zu können. Das bedeutet nichts anderes, als dass sie zum Beispiel Technik brauchen, damit in ihrem Gottesdienst eine Band spielen kann, sie Videos verwenden oder Aktionen machen können. Dazu muss der Raum liturgisch flexibel sein wie die Jugendlichen selbst.

Womit hattet ihr vor allem zu tun, als ihr die Idee in die Tat umsetzen wolltet. Wo waren die größten Hürden, wer waren die größten Befür-

worter, wie wurde die Idee und die Umsetzung in den Gremien und bei den Entscheidungsträgern aufgenommen?

Die größte Hürde war für uns im Vorfeld die Entscheidung des Gemeindekirchenrates. Der musste schließlich entscheiden, dass die Kirche als Jugendkirche genutzt werden soll. Das hat sich dann aber gar nicht als so große Hürde erwiesen. Der Gemeindekirchenrat hat sich hier nach einigen Gesprächen offen gezeigt, weil die Kirche sowieso schon lange von der Jugendarbeit genutzt wurde und der regelmäßige Gottesdienstbetrieb schon eingestellt worden war. Geholfen hat uns bei der Sache, dass der Pfarrer in Haldensleben ein engagierter Befürworter der Idee ist und der Kirchenkreis für solche Konzepte offen ist.

Was sind die wichtigsten Aktivitäten und welches sind deine schönsten Erfahrungen oder Erlebnisse?

Diese Frage versuche ich kurz zu beantworten, damit das hier nicht endlos wird: Wichtig ist unsere JG (Junge Gemeinde) jeden Freitag, die immer noch so heißt und mit Essen, Spielen und Andacht eher klassisch stattfindet. Sie ist die Basis für unsere Aktionen und Veranstaltungen. Hier kommen wöchentlich 20 bis 25 Jugendliche und bringen sich darüber hinaus bei den einzelnen Vorbereitungs- und Arbeitsgruppen ein. Die Jugendgottesdienste finden alle zwei Monate statt und werden durch die Jugendlichen in einem wechselnden Vorbereitungskreis vorbereitet. Hier entstehen normale Jugendgottesdienste, aber auch Highlights wie der Mopedgottesdienst, der Chatgottesdienst oder eine aufwändige Osternacht. Immer dabei ist die Gottesdienstband und eine Aktion zum mitmachen. Außerdem haben wir wie woanders auch Konzerte, Kinoabende, Freizeiten und so weiter. Meine schönsten Erfahrungen sind die Momente, in denen ich spüre, wie die Jugendlichen einen Schritt aus sich heraus machen und etwas von dem, was sie glauben und fühlen, nach außen bringen. Es erfüllt mich, wenn ich erleben darf, wie sie Kirche machen und sind.

Wenn du so etwas noch einmal neu anfangen würdest: Was würdest du anders machen, was würdest du denen raten, die jetzt damit anfangen?

Das ist schwer zu beantworten, weil ich das Gefühl habe, dass wir nach zwei Jahren noch ganz am Anfang sind. Deswegen ist es auch schwer, jemandem etwas zu raten. Zumal die Situationen ja auch immer unterschiedlich sind. Ich glaube, wir gehen eher den pragmatischen Weg der kleinen Schritte und haben nicht den großen Wurf gemacht. Das ist für hier und jetzt ein Weg, der im Moment funktioniert.

Und noch eine Frage: Liegt die Zukunft der Kirchengebäude darin, auch für andere Gruppen eigene Kirchen zu schaffen oder ist das nur für Jugendliche nötig?

Ich erlebe, dass die Jugendlichen das Gefühl haben, eine Kirche zu haben, die für sie da ist, einen Ort, der zu ihrer Lebenssituation passt. Einen Ort, der natürlich offen ist für alle. Es gibt nämlich auch Erwachsene, die sich hier wohlfühlen. Deshalb glaube ich, dass es durchaus noch mehr Möglichkeiten gibt, Kirchen auf eine bestimmte Zielgruppe oder Lebenskultur hin auszurichten. Sie werden vielleicht dadurch für alle interessanter, weil sie authentisch aus dem Leben dieser Glaubenden erzählen.

Robert Neumann ist ordinierter Gemeindepädagoge und arbeitet als Kreisbeauftragter für Jugendarbeit im Evangelischen Kirchenkreis Haldensleben-Wolmirstedt, Evangelische Kirche in Mitteldeutschland.

Die Fragen stellte Matthias Spenn.

Aneignung und Entdeckung von Räumen durch Reinigungsdienste?

Ein Beispiel aus der Arbeit mit Konfirmanden

Monika Bogendörfer

Was bringt es den Konfirmanden und Konfirmandinnen die Kirche zu putzen? Manchen sogar Spaß. Auch wenn sie das selber niemals vermuten. Wenn ich ankündige, dass vor der Konfirmation wie in vielen fränkischen Dorfkirchen der traditionelle Kirchenputz stattfindet, schaue ich bei den Jugendlichen erst einmal in wenig begeisterte Gesichter. Vielleicht kommt auch gleich der Kommentar „Das kann ja dann meine Mutter machen". Ich erkläre dann aber, dass sich alle beteiligen sollen, gerne auch die Väter und natürlich sie selbst, es sei schließlich ihre Konfirmation. Am Ende nach der Aktion sagen sie mir dann fast immer: „Es war gar nicht so schlimm, also die Sitzpolster ausschütteln, das war sogar lustig." oder „Da ganz oben in der 2. Empore zu sein mit dem Staubsauger, das war echt cool."

Bringt das etwas für die Verbindung zur Kirche? Ja, ich meine das, denn ich glaube, der Kirchenputz ist eine Aktion, die man so schnell nicht vergisst. So etwas prägt sich ein. Auch Jahrzehnte später werden sich die Teilnehmenden, wenn sie wieder einmal in ihrer Konfirmationskirche (oder auch einer anderen Kirche) sitzen, daran erinnern, wie sie damals den Kronleuchter gereinigt haben.

Wir wissen es aus der eigenen Erfahrung, aber auch als pädagogische Erkenntnis: Es prägt sich tiefer ein, sich mit einer Sache nicht nur theoretisch zu beschäftigen, sondern praktisch. Es prägt sich tiefer ein, wenn die Jugendlichen von der Mesnerin gesagt bekommen, dass das Kruzifix nur ganz vorsichtig mit dem Staubwedel gereinigt werden darf, weil es schon so alt ist, als eine Belehrung oder Information über das Alter des Kruzifixes bei einer Kirchenbesichtigung.

Ein weiterer Aspekt: Praktische Aktionen wie der Kirchputz bringen in der Konfirmandengruppe oft Jugendliche in den Mittelpunkt, die sonst eher im Hintergrund bleiben. Denn die Gaben und Fähigkeiten, auch die Zugänge und Kompetenzen hinsichtlich eher inhaltlich-theoretischer bzw. praktischer Arbeitsweisen sind unterschiedlich verteilt.

Im Idealfall lernen die Jugendlichen, dass jeder etwas anderes gut kann und es letztlich gut ist, dass wir so verschieden sind und uns verschiedene Sachen in der Kirche begeistern.

Monika Bogendörfer ist Pfarrerin in Hagenbüchach und Kirchfembach.

Der Trauer Raum geben

Soziale Praktiken im Kontext von Online-Gedenkseiten

Swantje Luthe/Kristin Merle

„Thank you Michael Kibbee and family. It has been almost 20 years since I added my partner to this website. And his memorial is there, which warms my heart very much."

(Vgl. http://cemetery.org/flowers-michael-kibbee/)

Der *World Wide Cemetery* existiert seit 1995 und ist damit der älteste Online-‚Friedhof' bzw. die älteste Gedenkseite der Welt. Ins Leben gerufen wurde die Seite von dem Kanadier Michael Kibbee, der in den Anfangszeiten der Popularisierung des Internets mit Leidenschaft daran arbeitete, der Welt eine neue Art des Vermächtnisses zu hinterlassen: einen gestaltbaren, virtuellen Kondolenz-Raum. Kibbee starb selbst 1997 im Alter von 33 Jahren an Krebs. Das Anliegen des *World Wide Cemetery* haben mittlerweile etliche Seiten aufgegriffen, die ähnliche Angebote für Trauernde bereit halten: Im deutschsprachigen Raum am bekanntesten dürfte der virtuelle ‚Friedhof' *Straße der Besten* sein, auch er gegründet anlässlich persönlicher Betroffenheit des Initiators: In einer Zeit, in der Fehlgeburten in Kliniken noch ‚entsorgt' wurden, schuf Torsten Dittrich 2007 für eine Bekannte mit einer virtuellen Grabstätte einen Ort, wo ihre Trauer Raum und (öffentlich) Ausdruck finden konnte. Online-Angebote dieser Art bieten die Möglichkeit, kommunikative Trauer-Formen oder -Kontexte in der Sozialwelt *face-to-face* zu ergänzen. Auch bei großen Tageszeitungen ist es mittlerweile möglich, Online-Gedenkseiten anzulegen (vgl. etwa https://trauer.nzz.ch/gedenkseite/suchen/meist-besuchte-anzeigen/1), und Social Network Sites bieten eine Struktur, die die Einrichtung von Trauergruppen und Gestaltung von Profilseiten Verstorbener ermöglicht.[1]

Räume entstehen durch Interaktion

Die Rede von virtuellen ‚*Räumen*' liegt zunächst einmal intuitiv nahe. Online-Kommunikation eröffnet zusätzliche, ggf. neue Dimensionen. Das machen in besonderer Weise die virtuellen Trauerseiten deutlich. Die Rede vom ‚Raum' hat im Zusammenhang internetbasierter Kommunikation aber auch noch einmal *heuristischen* Wert. Sie macht etwas Wesentliches dieser Form medialer Kommunikation deutlich: Es ist die Interaktion der Einzelnen untereinander, die die Räume erhält und in vielen Fällen auch erst eröffnet. Räume können so als *dynamische Interaktionszusammenhänge* verstanden werden. Raum existiert nicht nur als physischer Raum, sondern auch als konstruierter Raum, als „Produkt sozialer und kultureller Praktiken oder als diskursiver Ort" (Drüeke 2013, 38). Der relationale Raumbegriff weist also darauf hin, dass Räume durch Handlungen gestaltet werden (insbesondere im Zuge des *spatial turn* in den Kultur- und Sozialwissenschaften hat diese Ansicht Bedeutung gewonnen). Geht man von einem dynamischen Raumkonzept aus, liegt das Verständnis nahe, dass Raum also nicht schlicht gegeben ist. Raum wird konstituiert durch Handlung und somit auch durch Kommunikation, das heißt durch intersubjektives und symbolisches Handeln. Raum ist in dieser Konsequenz nicht nur material vorhandener Raum, sondern Raum entstanden aus sozialer Interaktion, dann auch Raum als virtueller Raum. Das bedeutet: Nicht die physische Nähe erzeugt den Raum, sondern – ermöglicht durch entsprechende Technologien – die Bezogenheit der Interaktionen aufeinander. Gerade mit Blick auf ‚das' Internet kann man sehen, wie Kommunikation sich ‚verräumlicht': „[D]as Internet vergrößert räumliche Grenzen, der physisch erfahrbare und erfassbare Raum wird ausgedehnt und zugleich werden neue Plätze für die Verortung der Menschen erschaffen." (Klaus u. a. 2004, 11.)

Die digitale Vernetzung schafft neue Räume für trauer- und erinnerungsbezogene Kommunikation

Trauerseiten können solche Plätze der Verortung sein, neue Räume für trauer- und erinnerungsbezogene Kommunikationen, entstanden und aufrechterhalten durch die digitale Vernetzung und die Praktiken der Nutzer und Nutzerinnen. Nicht nur *Straße der Besten*, sondern auch *Gedenkseiten.de* kann im deutschsprachigen Raum beispielhaft als Gedenkportal genannt werden, das für die Nutzer und Nutzerinnen Baukästen zur Erstellung und Gestaltung eigener Homepages bereitstellt. Eine wichtige Funktion dieser Seiten ist Erinnerungsarbeit: Freunde, Bekannte und Angehörige der Verstorbenen können Nachrufe einstellen, Fotos und Videos hochladen, Kerzen anzünden, kondolieren. Diese Erinnerungsarbeit steht auch im Netz in einem sozialen Zusammenhang: In Foren sprechen oder schreiben Menschen – vielfach mit ihnen →

bisher Unbekannten – über den Tod von Freunden oder Familienangehörigen und über ihren Umgang mit ihrer Trauer. Der Austausch über das eigene Erleben und die Erfahrungen findet hier statt. Kerzen werden ritualisiert an von anderen Nutzern angelegten ‚Grabstätten' entzündet. Unabhängig davon, ob die Menschen sich zuvor persönlich kannten, kann in der Regel die Kommunikation der Nutzer und Nutzerinnen als konsensorientiert und unterstützend beschrieben werden. (Vgl. Offerhaus u. a. 2013, 287.) Die emotionale Unterstützung, die hier zum Tragen kommt, erweist sich mit Blick auf einen bestimmten Aspekt noch einmal als besonders bedeutsam: Die Foren gewinnen für die Einzelnen Bedeutung, wenn sich Trauernde in ihrem sozialen Umfeld offline mit ihrer Trauer nicht (mehr) aufgehoben fühlen, wenn die Befürchtung besteht, dass die eigene Trauer sozial nicht (mehr) anerkannt wird. (Vgl. 288 f.) Trauernde wissen sich online in einer Art ‚Schicksalsgemeinschaft' mit ihren Gefühlen verstanden. So entstehen enge emotionale Beziehungen, die von gegenseitiger Anteil- und Rücksichtnahme geprägt sind. Als Vorteil wird von Trauernden ebenfalls empfunden, dass die virtuellen Trauerräume 24/7 erreichbar sind.

Repräsentationen Verstorbener werden in die Trauerkommunikation mit eingebunden

Viele Postings Trauernder adressieren auch die Verstorbenen. Was dies für die religiöse Vorstellungwelt und den Trauerprozess der Trauernden bedeutet, ist in religionstheoretischer und seelsorglicher Perspektive noch einmal genauer zu untersuchen. (Vgl. dazu auch Hutchings 2013.) Es ist jedoch zu vermuten, dass sich vielfach ein „digitaler dialogischer Schwebezustand" (Offerhaus u. a. 2013, 293; vgl. dazu auch Kern u.a. 2013) einstellt. Soziale Netzwerke und Social Media Anwendungen wie *facebook* und *Instagram* lassen noch einmal eine weitere Spielart erinnerungsbezogener Kommunikation sichtbar werden: Hier teilen Menschen zu Lebzeiten über ihre Accounts aktiv text- oder bildbasiert ihre Erlebnisse, Timelines werden dadurch zu bildbiografischen Archiven. Zu Gedenkseiten können diese Accounts werden, sobald ihr Nutzer/ihre Nutzerin verstirbt, der Account aber nicht gelöscht wird. Die Accounts repräsentieren dann weiterhin die inzwischen Verstorbenen. Indem die Seite von anderen Nutzern nach wie vor aktiv genutzt wird, werden die Repräsentationen der Verstorbenen über den Tod hinaus in soziale Kommunikationen eingebunden. Vor allem durch direkte Verlinkungen bei *facebook* und *Instagram* oder durch Postings auf den in den Gedenkstatus umgewandelten Profilseiten der Verstorbenen entstehen über enge Familien- und Freundeskreise wie über den lokalen Friedhof hinaus Trauer- und Erinnerungsräume.

Die digitale Vernetzung ermuntert Menschen dazu, sich neue Räume für die Reflexion und Bearbeitung ihres Lebens – und somit auch ihrer Trauer – zu erschließen. Diese Bearbeitung findet vielfach jenseits traditionell-christlicher Semantik ihren Ausdruck. Gleichzeitig verwenden Nutzer und Nutzerinnen religiöse Symboliken und üben sich in Formen der Selbsttranszendenz. Was das mit Blick auf kirchliche Trauerbegleitung bedeutet, wird noch zu erkunden sein. Dass die digitalen Räume eigenverantwortete Selbstsorge ermöglichen, ist zunächst einmal zu begrüßen.

Literatur

Drüeke, Ricarda, Politische Kommunikationsräume im Internet. Zum Verhältnis von Raum und Öffentlichkeit, Bielefeld 2013.

Hutchings, Tim, Death, Hope and the Internet, in: The Bible in TransMission, 2013, online verfügbar unter: http://www.biblesociety.org.uk/uploads/content/bible_in_transmission/files/2013_winter/BiT_Winter_2013_Hutchings.pdf

Kern, Rebecca/Forman Abbe E./Gil-Egui, Gisela, R.I.P. Remain in Perpetuity. Facebook Memorial Pages, in: *Telematics and Informatics, 30* (2013), 2–10.

Klaus, Elisabeth/Hipfl, Brigitte/Scheer, Uta, Einleitung: Mediale Identitätsräume, in: Dies. (Hg.), Identitätsräume. Nation, Körper, Geschlecht in den Medien. Eine Topografie, Bielefeld 2004, 9–15.

Offerhaus, Anke/Keithan, Kerstin/Kimmer, Alina, Trauerbewältigung online – Praktiken und Motive der Nutzung von Trauerforen, in: SWS-Rundschau 53 (2013), 275–297.

1 Zur Klassifizierung der Angebote vgl. Offerhaus u.a. 2013.

Swantje Luthe ist wissenschaftliche Mitarbeiterin am Lehrstuhl für Religionspädagogik mit Schwerpunkt Didaktik des Religionsunterrichts am Institut für Ev. Theologie der Universität Würzburg sowie Doktorandin an der Universität Hamburg.

Dr. Kristin Merle ist Privatdozentin für Praktische Theologie der Evangelisch-Theologischen Fakultät in Tübingen und vertritt zurzeit die Professur für Praktische Theologie am Fachbereich Evangelische Theologie der Universität Hamburg.

Vom Rückbau zum Umbau

Projekt Dorf – Kirchen – Leben

Werner Meyknecht

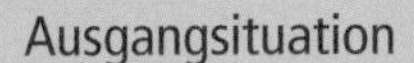

Ausgangsituation

Ich bin seit Frühjahr 2016 im Gemeindevikariat im Pfarrsprengel Wettin. Zum Pfarrsprengel gehören 21 Orte mit 18 Kirchen und Kirchenruinen. Der Pfarrsprengel ist in den letzten Dekaden kontinuierlich erweitert worden. Ich nehme die einzelnen Orte als sehr unterschiedlich geprägt wahr. Einige gehören zum Speckgürtel von Halle, andere Orte sind klassisch-ländliche Dörfer, manche sind durch Zuzug alternativ geprägt, wieder andere Orte sind Industriedörfer, die tief durch die DDR-Gesellschaftspolitik geprägt wurden. Das Gebilde des Pfarrsprengels folgt weitgehend institutioneller Logik und steht in Spannung zu Zugehörigkeitsgefühlen und alltäglichen Bewegungsmustern. Die kontinuierlichen Erweiterungen und die große Vielfalt der Prägungen erschweren die Identitätsbildung im Pfarrsprengel. Derzeit findet eine Strukturdiskussion statt, die vorschlägt, alle zugehörigen Orte zu einem Gemeindeverband zusammenzuschließen. Aktuell bestehen sechs Gemeinden, Kirchspiele und Gemeindeverbände im Pfarrsprengel. In zehn Orten finden mindestens monatlich Gottesdienste statt. Es gibt in zwei Orten Vereine, die die Kirchen erhalten und ein bis zwei Mal Veranstaltungen anbieten. In anderen Kirchen findet nichts mehr statt. Einige Kirchen werden lediglich grundgesichert. Die demografische Situation im Saalekreis ist von Abwanderung und Alterung geprägt. Der damit einhergehende strukturelle Rückbau wird in betroffenen Orten hochemotional wahrgenommen und zu einem Niedergangsnarrativ verdichtet. So kann beispielsweise das Gespräch darüber, dass jetzt der Sparkassenautomat auch abgebaut wurde, breiten Raum in Gemeindeveranstaltungen einnehmen.

In den einzelnen Orten gibt es hochengagierte Gemeindeglieder, die mit großem persönlichen Einsatz das Gemeindeleben vor Ort tragen. Sie engagieren sich beinahe alle schon sehr lange und sind emotional stark mit „ihrer Kirche“ im Ort verbunden. Das Engagement bezieht sich aber in den allermeisten Fällen auf die Übernahme organisatorischer und technischer Aufgaben. Viele der Engagierten klagen darüber, sich in ihrem Engagement allein zu fühlen. Einige machen sich große Sorgen um die Zukunft ihrer Gemeinden. Es wird vom „Aussterben“ gesprochen und es werden permanent Zahlenvergleiche bezüglich der Anzahl von Gottesdienstfeiernden, Mitarbeitenden beim Kirchenputz usw. angestellt. Insgesamt scheint mir die Stimmung vieler Engagierter nach jahrelangen Erfahrungen von staatlichem, gesellschaftlichem und kirchlichem Rückbau fatalistisch. Diesem Fatalismus wird ein gewisser stoischer Trotz „Solange ich irgendwie kann, werde ich die Kirche hier halten“ entgegengesetzt. Oft fehlt aber die nötige Kraft für Veränderungen und Neuansätze. Die unterentwickelte Identität als Pfarrsprengel und die hohe emotionale Verbundenheit mit den einzelnen Ortskirchen erschwert alle Versuche zentraler Veranstaltungen. „Klar ist das schön, wenn in Wettin ein Konzert ist, aber es ist halt irgendwie nicht meine Kirche.“ Konzepte für eigen verantwortete und durchgeführte Aktionen in den Orten waren bisher nicht erprobt worden.

➜

Projektidee und Ziele

Ich habe mich gefragt, wie können die Hochengagierten Kraft bekommen, um *„vom Rückbau zum Umbau“* (Landesbischöfin Junkermann, Landessynode Frühjahr 2012) zu finden. Wie kann etwas anders werden, statt immer nur weniger zu werden. Diesen Fragen folgte ich im Projekt Dorf–Kirchen–Leben, das ich als Gemeindepädagogisches Projekt im Rahmen des Zweiten Theologischen Examens in der EKM durchführte. Die Grundidee entstand auf dem zur Vikariatsausbildung in der EKM gehörenden sogenannten Tandemtreffen, einem 2-tägigen Thinktank, bei dem alle Vikar_innen und Mentor_innen gemeinsam Projektideen entwickeln.

Ich suchte Beteiligte, die in einer Projektgruppe gemeinsam Aktionsideen für ihre jeweiligen Ortskirchen entwickelten und vorbereiteten. Dabei war primär an Andachten u. ä. geistliche Formen gedacht, zugleich bestand große Offenheit gegenüber anderen Ideen. Das verbindende Element waren die Ortskirchen als Gemeinschaftsräume. Alle Aktionen sollten in einem Monat gebündelt stattfinden, um den Charakter als Versuchsprojekt sicherzustellen. Die Beteiligten hatten die Sicherheit eines abgeschlossenen Projektrahmens (Stichwort Ehrenamt 2.0).

Das Projekt verfolgte vier Zieldimensionen: (1) geistliche Stärkung der Hochengagierten, (2) Ermutigung zu Engagement und Verantwortungsübernahme für inhaltliche und nicht nur organisatorische Aufgaben, (3) Vernetzung im Pfarrbereich, (4) Stärkung des Gemeindelebens vor Ort.

Eine Grundentscheidung war außerdem, dass weder ich selbst noch ein anderer Hauptamtlicher an der Durchführung der Aktionen beteiligt oder auch nur anwesend sein würde. So sollten Rollendiffusion und Rückfall in pfarrzentriertes Agieren verhindert werden.

Bericht

Die Suche nach Beteiligten für das Projekt erfolgte auf drei Kommunikationsebenen: in Gruppen und Kreisen, durch Flyer, Homepage und Gemeindebote und durch persönliche Gespräche. Nach meinem Eindruck waren die persönlichen Gespräche ausschlaggebend. In Besuchen und Gesprächen am Rand von Veranstaltungen oder Gottesdiensten konnten Interessierte gewonnen werden. Dabei spielten in meiner Wahrnehmung einige Predigten im Frühjahr zu Gemeinschaft, Spiritualität und anderen für das Projekt andockfähigen Themen eine zentrale Rolle. Oft entstanden gerade nach diesen Gottesdiensten Gespräche über das Projekt.

Beim ersten Projektgruppentreffen entstanden sechs Aktionen für fünf verschiedene Orte:

Zwei Abendandachten wurden entwickelt. Dabei wurde ein von mir angebotenes, modulares System genutzt, um den Beteiligten eine Gestaltung nach eigenen Vorlieben zu ermöglichen. Die beiden Andachten waren stark durch Rituale geprägt, die auf das Mitmachen aller Teilnehmenden setzte. Das Gegenüber von Liturg und Gemeinde wurde relativiert bis aufgelöst. Die versammelte Gemeinde sang gemeinsam, betete gemeinsam, legte Klagesteine auf den Altar oder zündete Fürbittkerzen an. Nach der Andacht war Raum für Gespräche bei Getränken.

In einem Ort, in dem traditionell Samstagabend der Sonntag eingeläutet wird, wurde eine Läuteandacht entwickelt, die dem Läuten ein Gebet für den Ort und eine Segnung der Anwesenden zur Seite stellt. „Wie der Klang der Glocken unser Dorf erfüllt, so erklinge auch unser Gebet vor dir HERR. Neige dein Ohr herab auf unser Lob und unsere Bitten …“ Auch hier: anschließend Gespräche bei Getränken.

Außerdem wurden Taizéandachten gefeiert, bei einem Singetreffen Volkslieder gesungen und beim Kirchenkino Filme geschaut.

Die Terminsuche für das erste Projektgruppentreffen zeigte, dass die Arbeit in einer zentralen Projektgruppe zu schwerfällig für die Vorbereitung der Aktionen wäre. Daher wurde stattdessen in einer dezentralen Projektgruppe gearbeitet. Das erste und das letzte Treffen fanden gemeinsam zentral statt. Dazwischen unterstützte ich die Vorbereitung der einzelnen Aktionen in ortsspezifischen Treffen. Je nach persönlichen Vorlieben wurde dabei in Besuchen, Chats, Telefonaten, Mailwechseln und sogar Briefwechseln kommuniziert.

Ausblick

Die Auswertung des Projektes läuft noch. Erste Rückmeldungen der Beteiligten zeichnen ein insgesamt positives Bild. Die allermeisten sind zufrieden mit ihren Aktionen und haben bestärkende Erfahrungen in der ungewohnten Rolle machen können. Einige Beteiligte wollen ihre Aktion regelmäßig wiederholen und als festen Bestandteil des Gemeindelebens etablieren.

Werner Meyknecht ist Vikar im Pfarrsprengel Wettin, Evangelische Kirche in Mitteldeutschland (EKM).
www.pfarrsprengel-wettin.de

STADTLAND Kirche: Querdenker für Thüringen 2017

Ausstellungseröffnung am 13. Mai 2017, Kaufmannskirche Erfurt. Fotos: Thomas Müller

Ein Projekt der Evangelischen Kirche in Mitteldeutschland in Kooperation mit der Internationalen Bauausstellung (IBA) Thüringen gefördert von der Kulturstiftung des Bundes

Elke Bergt

Die IBA Thüringen ist eine Initiative des Freistaats Thüringen und hat sich zum Ziel gesetzt, Lösungen für die Probleme des demografischen Wandels zu entwickeln, so die Veränderung der Bevölkerung, die Energiewende und die Bewahrung von wichtigen kulturhistorischen Werten. Und damit ist sie uns als EKM ganz nah.

Der demografische Wandel und die Säkularisierung der Gesellschaft lassen Rückgangsprozesse in der EKM und anderen Landeskirchen besonders schnell ablaufen. *Kirche* steht aber andererseits für viele Werte: Kirchengebäude sind Identifikationsorte, Landmarken, Orte der Kultur und Geschichte und Tourismuspunkte. Sie bieten einen Raum abseits des Alltags und sind in kleineren Orten oft der einzige noch verbliebene unabhängige Raum. Der Publizist Christian Welsbacher nannte die Kirchen die „Spitze des Eisbergs" und trifft es damit sehr gut: Zumindest die Kirchengebäude sind den Menschen im Dorf und in der Stadt in der Regel nicht egal und rufen hohes ehrenamtliches Engagement hervor. Davon zeugen unter anderem die fast 500 Kirchbauinitiativen der EKM, in denen sich nicht nur religiös gebundene Menschen engagieren. Sie haben einen enorm wertvollen Beitrag zur Rettung, Sicherung und Sanierung vieler Kirchen geleistet.

Ideenaufruf gegen Kirchenleerstand

Trotzdem stehen Kirchen leer oder werden nur noch ganz selten genutzt. Nutzung aber ist der Schlüssel für dauerhaften Erhalt und Pflege. Die EKM hat darum gemeinsam mit →

Studentenprojekt Januar/Februar 2017 in Obergrunstedt.
Fotos: Bauhausuniversität Weimar

Architektenworkshop Sommer 2016. Foto: EKM

Gemeindeworkshop Sommer 2016. Foto: EKM

Ausstellungseröffnung, Kaufmannskirche Erfurt. Foto: Thomas Müller

Eröffnung Kunstprojekt „Organ“ Carsten Nicolai in Krobitz.
Foto: Thomas Müller

der IBA Thüringen einen Ideenaufruf gestartet. Kirchengemeinden, Architekten, Künstler, Studierende und Schüler waren aufgerufen, ihre Nutzungsidee als Kurzvideo einzureichen. *500 Kirchen, 500 Ideen* heißt die Ausstellung, in der die eingereichten Ideen noch bis November in der Kaufmannskirche in Erfurt zu sehen sind. Neben dem Bezug zum Reformationsjubiläum weist die Zahl 500 auch darauf hin, dass von den 2.000 Kirchen in Thüringen bereits etwa ein Viertel sehr selten oder gar nicht mehr genutzt werden. Die Ausstellung gibt neben der Medieninstallation Informationen zur Situation in Thüringen: zur Demografie, den Kirchengebäuden, den kirchlichen sowie politischen Gemeinden und zur Situation der Pfarrer bzw. Hauptamtlichen. Außerdem informiert sie über die Ansätze der IBA Thüringen als Versuchslabor für neue, unerwartete und provokante Ideen.
Zu sehen sind auch einige der *Leuchtturmideen*, die modellhaft bis 2023 realisiert werden könnten. Die Auswahl wurde durch Vertreter aus verschiedensten Fachrichtungen – z.B. Architektur, Kunst, Fotografie und Theologie – begleitet. Abgezeichnet haben sich Ideengruppen zu Themenschwerpunkten wie: Kunst, Soziales, Natur, Beherbergung, Gesundheit und Netzwerke. Diese Themen werden derzeit gemeinsam mit Ideeneinreichern/Kirchengemeinden, Planern und Partnern weiter entwickelt. Nicht alle werden sich zu Modellprojekten entwickeln, dennoch stärken die Prozesse die Eigeninitiative in den Gemeinden. Unter den Ideen ist mancher sehr quer gedachter Vorschlag zu finden, so z.B. der einer Schwimmbadkirche. Auch die Frage nach der Nutzung als Moschee wird gestellt. Trotzdem lässt sich feststellen, dass alle Ideeneinreicher sehr respektvoll mit dem Bauwerk Kirche umgegangen sind. Fast immer ist der Wunsch sichtbar, Kirche trotz unterschiedlichster anderer Nutzung auch als Ort der Besinnung und Religiosität beizubehalten, und das macht Mut.

Elke Bergt ist Leiterin des Baureferats im Landeskirchenamt der Evangelischen Kirche in Mitteldeutschland und u.a. Mitglied der Landesdenkmalräte von Thüringen und Sachsen-Anhalt.

Veranstaltungshinweise

Ausstellungen

13. **Mai – 19. November 2017**: „500 Ideen. 500 Kirchen. Querdenker für Thüringen 2017“ Kaufmannskirche Erfurt

24. **Juni – 10. September 2017**: Kunstprojekt „Organ“ des Künstlers Carsten Nicolai, St. Anna-Kapelle Krobitz/Weira

Salons

29. **August**: „Zeichen setzen. Kirchen in der Kulturlandschaft“, Kaufmannskirche Erfurt, Gastreferent
Prof. Dr. Andreas Hoffmann/Zeitstiftung

19. **September**: „Räume gestalten. Nutzungsanpassung von Kirchengebäuden“, Kaufmannskirche Erfurt, Gastreferent Dr. Andreas Krämer/Wüstenrotstiftung

Das Ende eines Dornröschenschlafes?

Aktionstag in einer ungenutzten Kirche im Landkreis Sömmerda

Philipp Gloge

Die romanische Kirche wurde der Legende nach um 730 auf der nahegelegenen Tretenburg vom Heiligen Bonifatius gegründet. Obwohl dies historisch unwahrscheinlich ist, wurde die Kirche im Volksmund dennoch lange Zeit „Bonifatiuskirche" genannt. An ihrem heutigen Ort und in ihrer heutigen Gestalt steht die Kirche seit Mitte des 12.Jhs. Im 14.Jh. und im 30-jährigen Krieg wurden Teile der Kirche zerstört. Eine Landeskollekte von 1695 ermöglichte den Wiederaufbau. Die letzten Renovierungsarbeiten fanden Anfang der 1990er Jahre statt. Lediglich der Kirmesverein nutzte diese Kirche in den letzten Jahren zu einer jährlichen Andacht.

Worum geht es?
Die Kirchengemeinde der Kleinstadt Gebesee im Süden den Landkreises Sömmerda mit ihren 2109 Einwohnern hat die Besonderheit, zwei evangelische Kirchen im Abstand von nur 650m zu besitzen. Die Laurentiuskirche, am historischen Markt von Gebesee, ist die Hauptkirche des Ortes. Fast die gesamte Aufmerksamkeit und Erhaltungskapazität der ehrgeizigen Gemeinde fließen in diese schöne und große, gotische Kleinstadtkirche. Die direkt am Schloss von Gebesee gelegene viel ältere Katharinenkirche im romanischen Baustil, fand sowohl bei der Kirchengemeinde als auch bei anderen Bürgerinnen und Bürgern der Stadt wenig Beachtung. Äußerlich gut erhalten, steht die *Kleine Kirche*, wie sie im Volksmund genannt wird, seit Jahren ungenutzt da und hält einen Dornröschenschlaf.

Wie kam es zu dem Projekt, die Katharinenkirche aus dem Dornröschenschlaf zu wecken?
Ich als Vikar der Kirchengemeinde merkte in Gesprächen mit Gemeindegliedern und auch bei anderen Gelegenheiten, dass die Kirche bei den Menschen keineswegs vergessen war. Vielen Gebeseerinnen und Gebeseern liegt sie am Herzen und sie finden es sehr schade, dass sie keine Beachtung mehr erhält. So versammelte ich eine kleine Interessengruppe, um herauszufinden, was den Menschen an dieser Kirche überhaupt noch liegt.

Was war das Ziel des Projektes?
Die Interessengruppe hatte viele Ideen, wie die Kirche in der besonderen Nachbarschaft mit ihrer *großen Schwester* genutzt werden könnte. So unvermittelt ans Werk wollten wir als Projektgruppe dann doch nicht, da es in der Vergangenheit schon häufiger Versuche gab, dieses denkmalgeschützte Gebäude wieder herzurichten. Bevor bauliche Veränderungen an dieser Kirche vorgenommen werden, so die Idee der Projektgruppe, muss erst die Kirchengemeinde und die ganze interessierte Öffentlichkeit darauf aufmerksam gemacht und in die Planung der großen Restaurierungsmaßnahmen einbezogen werden. So entstand die Idee, an einem großen Aktionstag alle Interessierten zu fragen, was sie mit dieser Kirche machen wollen.

Wie bereitete sich die Projektgruppe auf den Aktionstag vor?
Die Projektgruppe traf sich seit Januar 2017 monatlich, um Programm, Ablauf und Organisation des Aktionstages zu planen. Während der Vorbereitungen war es mir als Leiter dieser Gruppe wichtig, das Gebäude auch in seiner eigentlichen liturgischen und geistlichen Funktion zu nutzen und es dadurch zu uns, als Raum mit seiner langen und wechselvollen Geschichte, sprechen zu lassen. Ich entwarf ein Andachtsformular, damit jeder auf Grundlage sei-

ner individuellen und spirituellen Mitte die Planungssitzung beginnen konnte. Nach dem ersten Treffen kam uns die Idee, diese Andachten im Kerzenschein für alle Interessierten aus Gebesee und Umgebung zu öffnen. Das neue Format, sich an einem anderen Ort, zu einer anderen Zeit, in einer anderen als der gewohnten und gottesdienstlichen Art auf Gott zu besinnen, fand reges Interesse.

Wer kam bzw. kommt zu den monatlichen Andachten?
Die Besucherinnen und Besucher sind vor allem Menschen, die sich mit der Kirche sehr eng verbunden fühlen. Einige Menschen kommen aber auch, weil sie einen Blick in den baufälligen Innenraum werfen wollen oder sich für die Geschichte interessieren. Zu beobachten war gerade zu Beginn des Jahres, dass das regelmäßige Öffnen der Kirche durch Plakate und Weitersagen bekannt wurde und stetig mehr Interessierte den Andachten beiwohnten. Um die Zeit vor dem Aktionstag waren bis zu 50 Menschen in dieser kleinen Kirche mit ihrer besonderen Atmosphäre und ihrem geisterfüllten Raum.

Was passierte noch alles bis zum Aktionstag?
Um herauszufinden, wie sich die Gebeseerinnen und Gebeseer die Zukunft *ihrer* Katharinenkirche vorstellten, war es uns als Projektgruppe an wichtig, sie von Anfang in den gesamten Planungsprozess einzubeziehen. Um solch ein Vorhaben zu realisieren, braucht es vor allem *persönliche Beteiligung*, denn erst dann gelingt es, dass die Menschen Veränderungen mittragen. Möglich wurde dies einerseits durch Fragebögen zu Träumen und Wünschen, andererseits sammelte ein Mitglied aus der Projektgruppe persönliche Geschichten. Die Kooperation mit politischer Gemeinde und Kirmesverein wurde ebenfalls auf den Weg gebracht. Mithilfe von finanziellen Mitteln aus dem Strukturfonds der Evangelischen Kirche in Mitteldeutschland konnten bis Pfingsten die Eingangstüren aus massiver Eiche einer Generalüberholung unterzogen und neu lackiert werden.

Wie lief der Aktionstag ab?
Der Aktionstag selbst fand am Pfingstmontag statt. Im Mittelpunkt stand vor allem die Frage, was mit der Kirche geschehen soll. Gibt es überhaupt Interesse, diesen Ort zu erhalten? Dieser Tag sollte die Möglichkeit des Austausches geben. Neben Posaunenklängen und den präsentierten Geschichten sollte der Kirchenraum und das gesamte Postkarten-Ensemble Gebesees mit kleinem Vorplatz und Schloss im Hintergrund erlebbar werden. Bei Kaffee und selbstgebackenem Kuchen konnten sich die Menschen begegnen. Ein Film, der von einem Mitglied aus der Projektgruppe erstellt wurde, präsentierte in emotionaler Weise die spannende Geschichte dieser kleinen Kirche. Nach weiteren musikalischen Klängen und einem Pfingstliedersingen wurde der Tag mit der Andacht besinnlich beendet.

Wie geht es nun weiter?
Der erfolgreiche Verlauf des Aktionstages und das große Interesse der ganzen Region um Gebesee, erlaubt es der Projektgruppe die Nutzungsideen zu prüfen und eine Konzeption auszuarbeiten. Wie dies nun genau aussieht und mit welchen Partnern es weitergeht, bleibt noch abzuwarten. Den Kirchenraum als Kirche zu erhalten und als Begegnungs- und Kulturstätte zu nutzen, ist nun das Ergebnis des Aktionstages und neues Ziel der Projektgruppe. Es ist angedacht, einen Förderverein zu gründen und die Zusammenarbeit mit der Stadt und anderen Vereinen auszubauen. Die Projektgruppe trifft sich weiter und auch die monatlichen Andachten werden weiter angeboten.

Welche Rolle werde ich zukünftig haben?
Streng genommen ist mein Gemeindeprojekt mit dem Aktionstag vorüber. Jedoch sind mir die Kirche, die Projektgruppe und das Ziel, die Kirche zu erhalten Anreiz und Herausforderung, dieses Projekt weiterzuführen und voranzutreiben. Bis zum Ende meine Ausbildungr im Januar 2018 werde ich dabei sein. Der Zuspruch und die Motivation, die wir erhalten, strahlt in den ganzen Ort. Die Katharinenkirche liegt vielen Gebeseern am Herzen, auch mir.

Philipp Gloge ist Vikar und absolviert seinen Vorbereitungsdienst zum Evangelischen Pfarrer im Pfarrbereich Gebesee im Kirchenkreis Erfurt, Evangelische Kirche in Mitteldeutschland.

Respekt, wer's selber macht!

Von Möbeln, Heimwerkern und Raumgestaltung als sinnerfüllender Identitätsstiftung und der Frage: Kann Kirche das auch?

Lars Charbonnier

„Wohnst Du noch oder lebst Du schon?" Diesen Satz kennt (fast) jeder, und jeder kennt dann auch die blau-gelbe Firma, die ihn über Jahre durch ihre Werbung prägte. Der Satz stellt klar: Es gibt nicht nur Räume, die mit Möbeln zum Wohnen gefüllt sein wollen. Sondern Wohnräume sollen Lebensräume sein. Und damit sie das sind, braucht es eine entsprechende Gestaltung, entsprechende Möbel eben, die genau zu dem passen, der in ihnen und mit ihnen leben soll. In diesem Fall sind diese Möbel zwar Massenware, aber zugleich, so wird das Image konstruiert, verkörpern sie die Individualität jedes Wohnraums – schließlich sind sie allesamt selbst aufgebaut!

Noch individueller wird es natürlich, wenn nicht mehr massenwareartige Bauanleitungen befolgt werden müssen, um den individuellen Lebensraum Wohnung zu gestalten, sondern wenn bereits das Planen und die Materialzusammensetzung den Hauch des Selbstgemachten atmen. Dann gilt wirklich: „Respekt, wer's selber macht!" Mit diesem Satz wirbt seit gut zwei Jahren eine der großen deutschen Baumarktketten mit den zwei oo im Namen und transportiert über die Geschichten, die sie erzählen, worauf es wirklich ankommt: Das eigene Tun für sich und andere. Da erzählt z.B. eine stolze Mutter, wie ihr Sohn ihr ein Hochbeet baut, damit sie nach ihrem Schlaganfall weiterhin Freude im Garten und beim Gärtnern genießen kann.[1]

Mindestens so tief in die emotionale Schublade greift die Baumarktkette, die das Hausbauen im Namen trägt. „Keine halben Sachen" macht, wer es selber macht, und in der Selbstdarstellung auf youtube wird entsprechend begründet: „Wenn man sich für eine Aufgabe verantwortlich fühlt und etwas für Menschen macht, die einem am Herzen liegen, dann macht man keine halben Sachen." So einfach, authentisch und emotional ist der Grundgedanke hinter den neuen TV-Spots von BAUHAUS.[2]

Die dritte große Baumarktkette im Bunde, Hornbach, geht über IKEA hinaus und ruft den Menschen zurück in unmittelbare Erfahrungen der Natur, des Abenteuers und Rausches – was konkret wie gebaut werden kann, spielt schon keine Rolle mehr: „Du lebst. Erinnerst Du Dich?", fragt der Spot aus dem Jahr 2016, der einen kauzigen älteren Mann zeigt, der zwar immer wieder auch handwerklich aktiv ist, aber wesentlich durch die Natur und ihre energievolle Vielseitigkeit rutscht und gleitet.[3] Und ein anderer Spot dieser Firma erinnert und fordert zugleich „Dein Projekt gehört nur dir!"[4] In Österreich geht diese Kette sogar einen Schritt weiter und nimmt auch die Möglichkeit zu scheitern positiv auf: „Bereue nichts. Von der Größe im Scheitern", heißt es da.[5]

In dieser mit Lebensfülle angereicherten Werbung wird deutlich: Die eigenen Räume, ob innerhalb wie außerhalb der vier geschlossenen Wände zu gestalten, ist nicht einfach eine handwerkliche Aufgabe, sondern elementar für das Erleben des eigenen Lebens. Es zeigt und stiftet Identität, Zusammenhalt und Sinn. Ich frage mich manchmal, warum eigentlich die Kirche keine Werbung macht, die so anspricht wie die genannten? Das Ziel ist ähnlich: Wege zu zeigen, die in die Fülle des Lebens führen, und nur weil es den Anspruch auf mehr Ernsthaftigkeit und Tiefe erhebt, muss es ja nicht langweiliger kommuniziert werden. ***Oder?***

Dr. Lars Charbonnier ist Dozent an der Führungsakademie für Kirche und Diakonie und Mitglied der Redaktion der PGP.

1 https://www.youtube.com/watch?v=2p4cXyTw17A, 19.07.2017.
2 https://www.youtube.com/watch?v=ZeyQynpJYhk, 19.07.2017.
3 https://www.youtube.com/watch?v=WRSvNjDQSaM, 19.07.2017.
4 https://www.youtube.com/watch?v=xzz1omz9zug, 19.07.2017.
5 https://www.youtube.com/watch?v=ZtYvcUPqQEA&t=7s, 19.07.2017.

Konfusion in der Fusion – oder wie die Zusammenlegung von Kirchengemeinden gelingen kann

Ein Gespräch mit Hagen Fried

Fusion von Kirchengemeinden – das klingt für manche neu und interessant, bei anderen löst das eher Konfusion aus. Herr Fried, Sie sind Religionspädagoge, Erwachsenenbildner, Supervisor und Organisationsberater. Wie sind Sie darauf gekommen, sich mit dem Thema Fusion von Kirchengemeinden zu beschäftigen?
Letzten Endes ist das, z.B. neben unterschiedlich intensiven Kooperationsformen, eine Form, mit den Herausforderungen der Zeit angemessen umzugehen. Da und dort passiert das schon – oft aber unter Schmerzen und gegen entsprechende Widerstände. Aus meiner Arbeit habe ich einige Beispiele von Gemeinden vor Augen, die sich auf den Weg gemacht haben – schlicht weil es keine andere Möglichkeit gab. Als ich für mein Masterstudium in Organisationsentwicklung ein Thema für meine Masterarbeit gesucht habe, bin ich schnell auf dieses z.T. noch tabuisierte Thema gestoßen. Mein Interesse bestand darin, aus der Theorie und den bisherigen Forschungsergebnissen über den erfolgreichen Wandel von Organisationen praxisrelevante Erkenntnisse für die Fusion von Kirchengemeinden herauszuarbeiten. Was heute noch eher die Ausnahme ist, wird bald gang und gäbe sein. Und dazu ist es gut, sich fundiert darauf vorzubereiten und aus den Erfahrungen, insbesondere auch den Fehlern der anderen zu lernen. Ich wollte Erfolgsfaktoren aus der Literatur mit einer qualitativen Untersuchung einer *gelungenen* Gemeindefusion in Verbindung bringen und daraus konkrete Hinweise ableiten.

„Die einstmals stabilisierende Struktur wird aufgegeben, um in einem längeren Prozess eine neue Struktur zu entwickeln.“

Warum ist die Fusion von Kirchengemeinden so heikel?
Für manche ist Fusion durchaus attraktiv und aufregend, während es für andere fast als Ausverkauf des christlichen Abendlands oder zumindest der eigenen Gemeinde empfunden wird. Das hängt u.a. auch damit zusammen, wie Menschen grundsätzlich mit Veränderungen umgehen. Die einstmals stabilisierende Struktur wird aufgegeben, um in einem längeren Prozess eine neue Struktur zu entwickeln. Das ist nicht wirklich jedermanns Sache. Gleichzeitig sollen alle mitgenommen werden. Und das Ganze hat viel mit eigener Identität, Emotionen und Werten zu tun. Wenn diese Werte beschnitten werden, sind Konflikte vorprogrammiert. Und: Es sind mehrere Partner im Spiel, die alle eigene Interessen haben. Da ist Konfusion unvermeidbar. Man kann das durchaus mit einer Eheschließung vergleichen: Einst unabhängige Partner schließen sich zusammen, um ein gemeinsames Drittes aufzubauen. Der Unterschied ist nur: Bei der Ehe geschieht das in der Regel aus Liebe, bei der Fusion von Kirchengemeinden geht es dagegen oft um rationale Sachzwänge, um Überlebensstrategie, um *alternativlose* Notwendigkeiten. Das geht nicht immer ohne Verletzung, Schmerz und Trauerprozesse ab. Und so verläuft eine Fusion in unterschiedlichen Phasen ab, die aber alle ihre eigene Aufmerksamkeit brauchen.

In welchen Phasen verläuft eine Fusion in der Kirche?
Für den Non-Profitbereich lässt sich das gut mit den fünf Fingern einer Hand abzählen: Klärungsphase, Verhandlungsphase, Kommunikations- und Beteiligungsphase, Entscheidungsphase mit Inkrafttreten, Umsetzungsphase. Bei Fusionen von Kirchengemeinden spielt gerade in der Analyse- und Verhandlungsphase die Kommunikation und Beteiligung eine große und strukturell vorgesehene Rolle. Die dem *System Kirche* immanente Beteiligungslogik erfordert also bereits in den Phasen der Analyse, des Abwägens und der konkreten Verhandlungen, lange vor einer möglichen Fusions-Entscheidung, transparente Kommunikation nach innen und außen. Dazu braucht es eine sinnvoll abgestimmte Beteiligung unterschiedlichster Anspruchsgruppen (Kirchenvorstand, Hauptamtliche, Ehrenamtliche, Gemeindeglieder) und des Umfeldes einer Kirchengemeinde. Bereits dort werden die wesentlichen Fragen vorverhandelt. Es muss die *Chemie* zwischen den Hauptakteuren stimmen. →

Durch die lange Verhandlungsphase mit unterschiedlich intensiver, aber insgesamt breiter Beteiligung kommt es an vielen Stellen zu einer Kooperation *auf Probe*. Diese Phase kostet viel Zeit und Energie und braucht gute Begleitung und Beratung von außen, durchaus auch von der übergeordneten kirchlichen Ebene. Dabei kommen naturgemäß bereits viele Ängste, Befürchtungen und Widerstände auf. Sie müssen wahr- und ernstgenommen und bearbeitet werden. Erst am Ende dieser Phase kommt es zur Entscheidung für oder gegen die Fusion – eine Entscheidung bleibt also möglichst lange offen! Im kirchlichen Bereich ist bis dahin oft viel und aus meiner Sicht gut investierte Zeit (bis zu drei Jahren!) durch einen breiten Beteiligungsprozess vergangen. Wesentlich ist dabei der Umgang mit der kulturellen Unterschiedlichkeit. Kirchengemeinden werden nach der Entscheidung für eine Fusion nur Schritt für Schritt langsam zusammenwachsen, haben durch den Vorlauf aber schon gemeinsame Kooperationserfahrungen im Fusionsprozess gesammelt und idealerweise eine breite Basis von Menschen, die hinter der Entscheidung stehen. Das macht zwar nicht alles einfach(er), lässt aber die Erfolgschancen der Fusion wachsen.

„Die im System Kirche immanente Beteiligungslogik erfordert transparente Kommunikation nach innen und außen.“

Wenn Sie Ihre Erkenntnisse auf fünf Punkte zusammenfassen müssten, welche Aspekte sollten unbedingt beachtet werden?

- Vertrauen ist Basis und sinnvolle Beteiligungsformen sind ein *Muss*
- Gemeinsame Vision und Ziele entwickeln, dabei Kooperation *üben* und sich die nötige Zeit dafür lassen
- Unterstützung durch übergeordnete Stelle (Dekan/Dekanin) und Beratung von außen
- Sensibler Umgang mit unterschiedlichen Organisationskulturen
- Übergang vom Alten zum Neuen bewusst gestalten

Welche Rolle könnte Gemeindepädagoginnen und Gemeindepädagogen dabei zukommen?

Sie haben in der Regel langjährige Erfahrung mit gemeindeübergreifenden Kooperationen und sind damit Schlüsselpersonen, geerdete Visionäre und Garanten einer förderlichen Haltung und Gesprächskultur. Fusionen sind Veränderungs- und damit pädagogische Prozesse: Es geht um organisationales und personales Lernen und das Ernstnehmen und Mitnehmen der unterschiedlichen Menschen mit ihren Bedürfnissen, Ängsten, Widerständen und Visionen. Und dafür könnten Gemeindepädagoginnen und Gemeindepädagogen Spezialisten sein. Im Konzert mit anderen Haupt- und Ehrenamtlichen könnten sie so ihre speziellen Kompetenzen auch und gerade in neuen (fusionierten) Gemeinden menschen- und strukturförderlich einbringen. Und: Sie begreifen Kirche als Lern-, Entwicklungs- und Lebens-Räume, die gestaltet werden wollen, mit Sachverstand, Zuversicht und Zutrauen.

Was muss man tun, um die Zusammenlegung von Kirchengemeinden so richtig an die Wand zu fahren?

Das ist einfach! Nichts tun, den Kopf in den Sand stecken und hoffen, dass man aus allem unbeschadet rauskommt, wenn der Sturm vorbei ist. Sich in Kränkungen suhlen. Den eigenen Beitrag unterschätzen. Und: Das *Gold* nur im Alten sehen und daran festhalten, ohne die Bereitschaft, das neue *Gold* in der neuen Struktur und insbesondere mit den neuen Menschen zu erwarten und zu suchen.

Die Fragen stellte Christine Ursel

Hagen Fried, Diplom-Religionspädagoge (FH) und M.A. Organisationsentwicklung, Supervisor DGSv und Lehrbeauftragter für TZI am Ruth Cohn Institut. Er ist pädagogischer Leiter im Evangelischen Erwachsenenbildungswerk Nürnberg.

Alles im grünen Bereich?

Bestandsaufnahme: Mein Arbeitszimmer – mein Büro

Christine Ursel

Räumliche Fragen rund um einen wichtigen Raum für meine eigene Arbeit – manche haben einen privaten und/oder einen dienstlichen. Die Fragen sind auf beide Bereiche anzuwenden:

- Habe ich ein dienstliches Arbeitszimmer/Büro? Wo und wie ist dieses gelegen?
- Was zeigt das über meine Arbeitssituation, falls ich kein Arbeitszimmer oder kein Büro habe?
- Für manche ist eher das Auto der bewegliche Multifunktionsarbeitsraum. Wovon erzählt dieser?
- Wie viel Raum habe ich – wie viel Raum bräuchte ich?
- Wie gut und aktuell ist die (technische) Infrastruktur ausgestattet?
- Wie erhellend ist die Licht- und Beleuchtungssituation?
- Was sagen die Möbel über mich und meine Arbeitssituation aus?
- Wie rückenfreundlich kann ich darin sitzen und agieren?
- Wie beeinflusst der aktuelle Zustand meines Arbeitszimmers mein Verhalten?
- Welche alternativen Arbeitsräume und -orte nutze ich gerne?
- Wenn ich als Außenstehende/r in mein Arbeitszimmer oder in mein Büro kommen würde, was wäre mein Eindruck von dem Menschen, der darin arbeitet?
- Was spricht mein Arbeitszimmer als Visitenkarte über mich und meine Arbeit?
- Wenn ich die Wahl hätte: Würde ich gerne da arbeiten?
- Welche Vorlieben spiegelt mein Arbeitszimmer? Welche Schwäche von mir ist auf den ersten Blick erkennbar?
- Gehöre ich eher zu den Systematikern oder eher zu den „Kreativen Chaoten" (Cordula Nussbaum)?
- Was wäre vielleicht die erste Idee, was jemand ändern würde, wenn er oder sie mein Büro/mein Arbeitszimmer sieht?
- Wie viel Privates ist im Arbeitszimmer/Büro zu entdecken? Was sagt das?
- Wie unterstützt mein Arbeitszimmer Freiräume zum Träumen, zum Visionieren?
- Raumpflege hat auch mit Lebenspflege zu tun. Wie steht es damit aktuell?
- Wie viel Einfluss habe ich, das alles so zu ändern, dass mir die Arbeit leicht von der Hand geht?
- „Es gibt nichts Gutes, außer man tut es." (Erich Kästner) – Welche kleine Aktion hätte die größte positive Wirkung?
- Was bräuchte es noch, damit ich sagen kann: In meinem „Arbeitsreich" ist alles im grünen Bereich?

Psychogeografie – eine psychologische Sicht auf die Wirkung von Räumen. Ein Buchtipp:
Warum sind im Café die Tische am Rand schneller besetzt als in der Mitte? Weshalb werden Krankenhauspatienten schneller gesund, wenn sie ins Grüne blicken? Wieso schüchtern uns Kirchen ein? **Colin Ellard** nimmt uns in seinem Buch mit auf eine spannende Entdeckungsreise in die Welt der Psychogeografie und erläutert, wie die Umgebung unser Verhalten tagtäglich beeinflusst – egal ob Zuhause, am Arbeitsplatz, auf dem Weg durch die Stadt oder draußen im Freien. Als einer der führenden Experten auf dem Gebiet der Experimentalpsychologie gibt er Einblick in die Mechanismen, die dabei wirksam sind, und zeigt auf, was wir im Alltag daraus lernen können. Unter dem Titel „**Psychogeografie. Wie die Umgebung unser Verhalten und unsere Entscheidungen beeinflusst**" ist im Mai 2017 sein Buch erschienen, das einen spannenden Blick auf die Wirkung von Räumen auf den Menschen bietet. Die Kapitelstruktur lädt ein, unterschiedliche Aspekte als Reise an verschiedene Orte zu betrachten: Die Natur im Raum, Orte der Zuneigung, Orte der Lust, Orte der Langeweile, Räume der Angst, Räume der Ehrfurcht, Raum und Technologie: Die Welt in der Maschine / Die Maschine in der Welt, Wieder zu Hause.

Christine Ursel arbeitet im Diakonischen Werk Bayern als Fortbildungsreferentin und ist Mitglied der Redaktion der „Praxis Gemeindepädagogik".

Du stellst meine Füße auf weiten Raum

Ein Blick in Raum und Weite der kirchlichen Urlauberarbeit

Antje Wachtmann

„Uff, nur einen Moment ausruhen“, die Frau lässt sich in den Strandkorb fallen. Sie ist mit Rucksack und Tüte bepackt. Da kommt der bequeme Platz im Strandkorb gerade recht. „Schön habt ihr es hier, fast wie am Meer.“ In einer Messehalle in Hannover auf dem Ehrenamtlichentag der Evangelisch-lutherischen Landeskirche Hannovers steht der Strandkorb. Mit ihm wird für die ehrenamtliche Mitarbeit bei *Kirche Unterwegs*, also dem Angebot von Kirche auf Campingplätzen, geworben. Sitzt man im Strandkorb, blickt man tatsächlich auf die Nordsee: Auf einer großen Fotowand öffnet sich das Zelt von *Kirche Unterwegs*. Durch die zurückgeschlagenen Eingangsplanen schaut man hindurch auf das Wattenmeer bis zum fernen Horizont. Der weite Raum der Nordsee lädt zu diesem kleinen gedanklichen Ausflug ein.

Die kirchliche Urlauberarbeit hat ein Pfund, mit dem gewuchert werden kann – Raum: der Deich und der Campingplatz bei *Kirche Unterwegs*, das Wattenmeer für die Andacht im Watt, die Nordsee bei der Kutterandacht, die Dünenlandschaft beim Dünensingen, der Strand beim Strandgottesdienst, die verschiedenen Landschaften beim begleiteten Pilgern, die Bühne der Siegerehrung beim Nordseelauf zum geistlichen Impuls der *Zeitansage* oder die Lüneburger Heide beim Radfahren von Kirchturm zu Kirchturm. Diese Liste ließe sich noch länger fortsetzen. In der Aufzählung wird deutlich: Frei und beweglich ist die kirchliche Urlauberarbeit, nicht an einen festen Ort gebunden. Sie nutzt die Räume, die die Natur zur Verfügung stellt.

57% der Bundesbürger unternahmen im Jahr 2016 eine Urlaubsreise von wenigstens fünf Tagen Dauer (Quelle: Tourismusanalyse 2017). Allein Niedersachsen zählte 42,8 Millionen Übernachtungen (Quelle: Sparkassen Tourismusbarometer 2017) auf Campingplätzen, in Gästezimmern, in Ferienhäusern, in Pensionen und in Hotels. So unterschiedlich wie die Arten Urlaub zu machen sind, sind es auch die Gäste. Die einen suchen Aktivität, die anderen verbringen ihre Zeit am Strand. Allen ist gemeinsam, dass sie ihre freie Zeit genießen wollen.

Der Urlaub ist Abstand zum Alltag und bietet Freiraum. Der Alltag zeichnet sich in der Regel durch seinen geregelten Ablauf und den gefüllten Terminkalender aus. Da müssen Arbeitszeit, Zeit für die Familie, Zeit für Hobbys, Zeit für Haushalt, Besorgungen und vieles weitere unter einen Hut gebracht werden. Urlaub bedeutet frei-Zeit und frei-Raum, die gefüllt werden kann und auch gefüllt werden möchte. So sind viele Urlauberinnen auf der Suche, ihre ganzheitlichen Bedürfnisse zu erfüllen. Es geht eben nicht nur um genügend Schlaf, sommerliche Bräune oder zurückgelegte Kilometer, sondern um qualitativ gefüllte Zeit, die dem Bedürfnis nach seelischem Mehrwert nachkommt. Kirchliche Urlauberarbeit ist so vielfältig wie der Sand am Meer, und es gibt gute Erfahrungen, an die man sich halten kann: Angebote in der kirchlichen Urlauberarbeit sind niedrigschwellig, zeitlich an den Rhythmus der Urlauber angepasst, stimmig mit dem Veranstaltungsort und -umfeld, als kirchlich erkennbar. *Raum* spielt in mehrfacher Hinsicht eine Rolle: die unterschiedlichen Orte und der zeitliche Freiraum. Dies lässt sich mit zwei Beispielen illustrieren: Strandgottesdienste und *Kirche Unterwegs*.

Strandgottesdienste

Ein Gottesdienst gehört nur in die Kirche, so denken viele. Dort ist der rechte Ort für Verkündigung. Zudem bringt der exponierte Ort am Strand Schwierigkeiten mit sich. Häufig gibt es keine elektrische Verstärkung für Stimme und Instrumente. Es ist zu überlegen, ob die Besucher während des Gottesdienstes stehen oder sich in den Sand setzen und wie bei feuchtem Wetter zu verfahren ist. Auch ist mit Störungen während des Gottesdienstes durch das Wetter, durch andere Menschen und durch Tiere zu rechnen. Dennoch sind Strandgottesdienste eine gute Möglichkeit, den Bedürfnissen von Urlauberinnen und Gemeindemitgliedern entgegen zu kommen. An der Nordseeküste ist der Strand die Hauptattraktion. An ihm findet man: Wasser (bzw. der Blick ins Watt), Wind, Sand, Wellen und Weite. Der Strand ist ein sprechender Raum, er erzählt von Veränderung und Beständigkeit, von der Natur und den Menschen und in allem erzählt er von Gott. „Du stellst meine Füße auf weiten Raum“ – diese Glaubensaussage aus Psalm 31 ist ein Beispiel für dieses Erzählen. Am Strand, mit dem Blick auf den Horizont verbinden sich Himmel und Erde und predigen mit. Dementsprechend einfach in Sprache und Form sind meist Liturgie und Predigt eines solchen Gottesdienstes.

Kirchenzelt in Harlesiel.

Strandgottesdienst

Fotos: Haus kirchlicher Dienste (HkD) Hannover

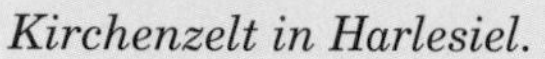

So finden sich nicht nur die mit Kirche hochverbundenen Menschen zu einem Strandgottesdienst ein, sondern auch Neugierige, die einen anderen Gottesdienst erleben möchten. Häufig bleiben Zufallsgäste stehen und feiern den Gottesdienst mit. So lädt der Raum am Strand ein, einen Moment mit Gott zu verbringen. Der Ort und der Raum arbeiten und bewegen die Menschen und öffnen sie für Gottes Wort. Die Freiheit des Strandes kann den Freiraum für den Geist Gottes schaffen.

Kirche Unterwegs

Auch *Kirche Unterwegs* arbeitet mit der Natur. An diesem Beispiel wird zudem das Zusammenspiel von Ort und Zeit im frei-Raum des Urlaubs deutlich. *Kirche Unterwegs* ist ein Angebot von Kirche auf Campingplätzen. Für ein paar Wochen im Sommer wird ein Kirchenzelt aufgebaut, Wohnwagen bieten dem Team, das für den *Kirche-Unterwegs*-Einsatz auf dem Campingplatz lebt, Obdach. Zu den Klassikern der Arbeit von *Kirche Unterwegs* gehören Spiel-und Spaß-Stunden für Kinder, die tägliche Gute-Nacht-Geschichte, Gesprächsrunden für Erwachsene, Andachten und Gottesdienste. Durch diese nahe, niedrigschwellige und beziehungsstiftende Arbeit der kirchlichen Ehrenamtlichen ist es möglich, das Evangelium mit den Camperinnen und Campern zu kommunizieren, durch die verschiedenen Arten der Verkündigung werden unterschiedliche Altersgruppen angesprochen. Dreh- und Angelpunkt der Arbeit ist das Kirchenzelt, das zumeist an einem zentralen Ort auf dem Campingplatz aufgebaut ist. Das Kirchenzelt ist deutlich als kirchlicher Ort zu erkennen, zum einen durch das Sonnenkreuz, dem Logo von *Kirche Unterwegs*, zum anderen wird im Kirchenzelt ein Altar aufgebaut, und die geöffnete Türplane lädt zum Verweilen und zur persönlichen Andacht auch außerhalb der Veranstaltungen ein. Durch diese mobile Kirche ist es möglich, in den Ferienwochen dort Kirche *lebendig werden zu lassen*, wo die Urlauber sind. Nicht sie müssen zur Kirche kommen, die Kirche kommt zu ihnen. Das *Kirche-Unterwegs*-Team teilt mit den Urlaubern das Waschhaus und den Abwaschraum und begegnet ihnen dort als ihresgleichen auf Augenhöhe. Das öffnet den Raum für Kontakte und für Gespräche, eben nicht nur im Kirchenzelt, sondern überall da, wo die Menschen sich begegnen. *Kirche Unterwegs* zeigt auf den Campingplätzen gelebte Gemeinschaft von Christinnen und Christen, die ihren Glauben auch authentisch nach außen zeigen.

Fazit

„Du stellst meine Füße auf weiten Raum“ – dieses Wort aus dem 31. Psalm passt in die kirchliche Urlauberarbeit. Wir haben von Gott weiten Raum bekommen und nutzen ihn in vielfältiger Weise. Der weite Raum Gottes ist Veranstaltungsort und Veranstaltungszeit in der kirchlichen Urlauberarbeit. Vor allem aber ist der weite Raum Gottes Kommunikationsgeschehen mit Menschen im Urlaub. Am besten erlebt man das an der Nordsee, im Harz, im Osnabrücker Land, in der Lüneburger Heide oder an einem anderen Ort einfach selbst.

Antje Wachtmann ist Pastorin und Referentin für Kirche im Tourismus in der Region Nord der Ev.-luth. Landeskirche Hannovers. Ihre Arbeitsschwerpunkte liegen besonders in der Begleitung der Kur- und Urlauberseelsorge und bei Kirche Unterwegs.

WELCHE RÄUME BRAUCHT RELIGIÖSE PRAXIS?

Die Antwort eines Buddhisten auf die Frage von Lars Charbonnier

Lieber Lars,

als ich Deine Mail las, ob es für die religiöse Praxis bestimmter Räume bedarf, dachte ich an das letzte Sesshin, welches ich mit meinem verehrten Lehrer Yudo Seggelke im Sommer 2016 in Südtirol verbringen durfte. Der Wunsch unserer kleinen Zen-Gruppe war es, in der Abgeschiedenheit des alten Franziskanerklosters Ruhe und Klarheit für unsere meditative Praxis zu finden. Vorab waren wir im Tal mit den Franziskanermönchen zusammengekommen und hatten gegessen, gebetet und uns zu den Gemeinsamkeiten von Christentum und Buddhismus ausgetauscht.

Der Raum hinter dem Altar des Bergklosters schien uns der geeignete Ort für unsere Sitz-Perioden zu sein. So dachten wir. Voller Vorfreude und Neugier, auch mit Bewunderung für den alten, kühlen Kalk-Stein, aus dem das Kloster erbaut worden war, machte ich mich auf, um die Räumlichkeiten zu entdecken.

Von dem sonnigen Innenhof führten eine niedrige Tür und ein paar ausgetretene Stufen hinunter in den gesonderten Bereich hinter dem Altar. Die ganze Kapelle war so in zwei Bereiche unterteilt: Das ist die überlieferte Form der Franziskaner-Klöster. Der eine ist von außen durch den Eingang zugänglich, der andere für die kleine Schar der Mönche und jetzt für unsere Zen-Gruppe.
Mich erinnerte die hölzerne Trennung zwischen Gebetsraum der Kapelle und Aufenthaltsraum für die Mönche an einen Januskopf. Zu beiden Seiten des hölzernen Altars waren Bildnisse und Schnitzereien Jesu' und dessen Kreuzigung zu sehen. Dankbar, an solch einem Ort meine Meditation praktizieren zu dürfen, legte ich mir wie die anderen mein Kissen für das Zazen zurecht.
Obwohl wir uns in knapp 1000 m Höhe befanden, waren es im Südtiroler Hochsommer im geschützten Innenhof des Klosters angenehme 25 Grad. Nachdem wir aber die paar Stufen hinabgestiegen waren, spürten wir die Kühle der alten Steine. Dass die Wärme draußen blieb, war doch etwas befremdlich. Eine neue Kälte von unten wurde immer spürbarer und drang auch durch die sorgfältig zurechtgelegten Decken und Kissen. Meine innere Unruhe nahm noch weiter zu.

Die ersten Sitzperioden unter dem überlebensgroßen Gekreuzigten waren mühsam. Ein Unbehagen und ein irgendwie rastloser Geist waren nicht zu unterdrücken. Zunächst dachte ich während des Sitzens und auch danach, dass dies die wahrscheinlich üblichen Schwierigkeiten der Eingewöhnung seien. Trotz des Versuchs solche fast drückenden Gedanken ins innere Gleichgewicht zu bringen, war ich immer froh, nach jeder Sitz-Periode wieder ans Tageslicht und ins Freie zurückzukehren: Welch wunderbare Umgebung und Aussicht auf das weite sommerliche Etsch-Tal erwartete uns.

Zwischenzeitlich graute es mir davor, dies eine Woche durchhalten zu müssen. Abends bei Tisch entwickelte sich zwischen uns ein Gespräch, das sich, langsam vortastend zumeist, auf die Übel in der Welt bezog und mich selbst in eine bleierne Schwere versetzte. Eine letzte Sitzperiode ließ mich dann müde und abgekämpft in meine Mönchs-Kammer gehen.

Am nächsten Morgen teilte uns Yudo, der uns durchweg begleitet hatte, seine Eindrücke des Vortages mit und bat um gemeinsame Unterstützung, wie wir die Klarheit, positive Kraft und tiefe Meditation des Zen hier verwirklichen könnten. Er sagte uns ohne Umschweife, dass wir etwas Tiefgreifendes, den Geist des Ganzen, ändern müssten, damit wir uns frei der Meditation hingeben und dem Buddha-Dharma öffnen könnten.

Das Zusammenkommen an diesem Ort hatte bisher keine Wirkung der Befreiung und Freude bewirkt, sondern wirkte eher hemmend und beengt. Wir untersuchten, ob und inwiefern uns das Jahrhunderte alte klösterliche Gemäuer

und insbesondere der Raum hinter dem Altar in eine bedrückenden Stimmung brachten, belasteten und sowohl unser Befinden als auch unseren Geist trübten. Yudo erzählte, dass er seit Jahren nach Assisi, der Stadt des Franziskus, fährt und dort die Spiritualität der Klarheit, Heiterkeit und tiefen Lebensfreude mit seinem Gedicht „Der Sonnengesang" kennengelernt habe: so wie er den Zen-Buddhismus versteht. Wo sei denn der Unterschied zwischen einem solchen Christentum und dem Buddhismus?
So beschlossen wir, die gegebene Situation zu verändern. Ein wichtige Veränderung war die volle Integration der wunderbaren uns umgebenden Natur in den Tagesablauf. Das war es doch, warum wir uns vor einiger Zeit entschlossen hatten, an diesem besonderen Ort zusammenzukommen. Schon Buddha hatte empfohlen, in der Natur und Stille zu meditieren.

Von nun an saßen wir im Freien, im offenen, einfachen und geradezu urigen Innenhof, der viel von den Mönchen benutzt und somit geprägt worden war. Nach zügigen gemeinsamen Umräumarbeiten hatten wir dort unter einem kleinen Vordach genügend Fläche geschaffen, um dort sitzen und meditieren zu können. Der ohnehin schon reich mit Pflanzen und Blumen geschmückte Hof und das Leben und Atmen im Hauch der Luftströmungen unter südlicher Sonne waren einladend und uns bald vertraut. Als das Wetter umschlug, saßen wir bei Regenschauern und Gewittern dort enger beisammen und waren wirklich froh, draußen zu sein.

Das Meditations-Gehen des KinHin zwischen den Sitzperioden praktizierten wir im Garten des Klosters: barfuß auf Gras und Erde. Eine große alte Linde war unser Freund. Das vormittägliche Studium führte uns in die Berge, da wir der Natur so nah wie möglich sein wollten.
Was es genau war, kann ich nicht sagen, aber das Überwinden des ersten deutlichen Widerstandes durch gemeinsames Handeln und das sich Öffnen für neue Möglichkeiten und Perspektiven verwandelten das anfänglich empfundene Unbehagen in großes Glück.

Ich konnte nicht mehr sagen, ob die offene und grenzenlose Schönheit der uns umgebenden Natur nun außen oder innen war. Was wollen die Menschen überhaupt mit außen und innen ausdrücken? Wir hatten den Sinn dafür verloren.
Das Erkennen des eigenen Widerstandes, die bewusste Entscheidung für eine Veränderung und das gemeinsame Handeln waren im Moment wie ein Samen, der sofort Wurzeln schlägt und weiter in die eigene Entfaltung führt – den Raum.

Gemeinsam tief atmend auf einem Berg zu sitzen und dem Windspiel bei Gewitter zu begegnen war für mich größtes Glück an diesem Ort.

Mit herzlichen Grüßen
Niko

Niko Schulmeister lebt mit seiner Familie am Rand von Berlin und arbeitet in und an seiner Mitte.

Frontal, U oder Stuhlkreis?

Raumsoziologische Perspektiven in Bildungsprozessen

Sabine Blaszcyk

Raum als Akteur

„Der Raum macht was mit mir." Diese bzw. auch die gegenteilige („Der Raum sagt mir gar nichts!") Erfahrung können Menschen in der Auseinandersetzung mit von ihnen genutzten Räumen machen. Besonders das Erleben eines Kirchenraumes provoziert mitunter den Eindruck, dass Räume aktiv etwas mit uns anrichten. Räume sind nicht nur bedeutungslose Container für die Interaktionen, die in ihnen stattfinden. Nach der Actor-Network-Theory des Soziologen Bruno Latour *tun* Objekte etwas mit uns. Ganz gleich, ob es sich um ein Gebäude, Stifte oder die Straßenbahn handelt – immer gehen wir mit diesen Objekten, wenn wir sie nutzen, eine zumindest kurzfristige Verbindung ein: „Dinge […] sorgen für etwas, sie gewährleisten, erlauben und verhindern, sie ermöglichen, schränken ein und ermutigen, sie bieten an, beeinflussen und blockieren etc. […] Objekte lassen sich nicht einfach von Menschen manipulieren. Aber umgekehrt bestimmen Dinge auch nicht das menschliche Tun. So macht uns die Waffe in unserer Hand nicht *gezwungenermaßen* zum Mörder […] Auch die Rechenkette in der Hand des Erstklässlers macht diesen nicht *automatisch* zum guten Rechner." (Fetzer 2012, 133)

Raum als Hybrid aus Materie und sozialer Nutzung

Von nicht unerheblicher Bedeutung für pädagogische Prozesse sind die Räume, in denen sich Bildung vollzieht. Sie können nicht nur mathematisch-physikalisch beschrieben werden, sondern auch soziologisch. Räume gelten in sozialwissenschaftlichen Belangen als eigener Akteur bzw. als „dritter Erzieher" (Schmidt 2004, 157). Unter anderen machte Kai Schmidt darauf aufmerksam, dass Raumdifferenzierungen in pädagogischen Einrichtungen erzieherische Wirkung haben, weil *gewisse Aktivitäten* (z.B. Rennen) *nur in gewissen Räumen* (z.B. in der Turnhalle) ausgeführt werden dürfen. Nicht angemessene Aktionen (z.B. Rennen im Theaterraum) werden dann als Regelverstoß geahndet: „Das ist hier nicht die Turnhalle!" Damit wird der Raum zum pädagogischen Akteur. (Schmidt 2004, 157 ff.) Um Bildungsprozesse zu befördern, bedarf es deshalb einer sensibleren Wahrnehmung dessen, was *Raum* ist. „Raum wird systematisch in den Prozess des Bildens einbezogen.

Allerdings wäre es vereinfacht anzunehmen, Raum sei auf die gebauten Anordnungen zu reduzieren. Raum entsteht auch aus der Platzierung beweglicher Objekte oder menschlicher Körper." (Löw/Geier 2014, 127) Die *Anordnung von Objekten* (Tische, Stühle, Stellwände, Altar, Taufbecken etc.) *und die Platzierungen von Menschen* – all das sind Elemente, die Raum hervorbringen und das Geschehen in ihnen präformieren. (Schmidt 2004, 160) Ein mit Kindern und Erwachsenen besetzter Stuhlkreis rund um den Altar zum Familiengottesdienst generiert einen anderen Raum als ein in den gewöhnlichen Anordnungen stattfindender Gottesdienst mit auf Bankreihen positionierten Menschen und vom Altar aus agierender Pfarrperson. Beide Räume können in ein und derselben Kirche entstehen. Obgleich das Gebäude vorstrukturiert und in gewisser Weise auch mitbestimmt, welche Varianten von Räumen hergestellt werden können, sind Institutionen wie Kindergärten, Schulen, aber auch Kirchen mitunter mit starren Raumnutzungskonzepten versehen, obgleich sie von der architektonischen Anlage her mehr Flexibilität zulassen würden.

Raumsoziologische Perspektiven machen auf die pädagogische Bedeutung von Räumen aufmerksam und weisen mitunter „auf das nicht mehr gegebene Passungsverhältnis von modernen pädagogischen Konzepten und den vorhandenen Räumen bzw. Raumkonzepten hin.“ (Erhorn/Feltz/Willems 2012, 107) Da Räume, im Gegensatz zu Orten, *Hybride aus materiellen Bedingungen und sozialer Nutzung* sind, sind sie „nicht nur Untergrund oder Hintergrund des Handelns, sondern […] Strukturierungen, die im gesellschaftlich geprägten Prozess der Wahrnehmung oder der Platzierung konstituiert, durch Regeln abgesichert und in Institutionen eingelagert werden.“ (Löw/Geier 2014, 129) Raum ist damit nicht nur Bedingung, sondern auch Produkt des Handelns. (Breidenstein 2004, 87) Die Erkenntnis, dass bestimmte Prozesse bestimmte Raumkonstruktionen erfordern, ist in der gemeindepädagogischen Arbeit nicht neu. Je nach Adressat und Inhalt wird dementsprechend versucht, Raum materiell und sozial optimal zu präformieren: Die Christenlehregruppe trifft sich im Stuhlkreis, der Gemeindekirchenrat hinter Tischen im *U* und die Gottesdienstgemeinde frontal vor dem Altar. Wie stark diese institutionell eingelagerten Raumkonzepte mitunter wirken, zeigt folgende Fantasie: Die Christenlehregruppe frontal vor dem Altar, der Gemeindekirchenkreis im Stuhlkreis und die Gottesdienstgemeinde im *U*.

Es gibt Gründe für die etablierten Anordnungen von Objekten und Platzierungen von Menschen. Die Körperpositionierung im Kreis auf Kissen oder Stühlen scheint besonders geeignet für symmetrische Kommunikation und die Mitte im Kreis kann vielfältig für pädagogische Impulse genutzt werden. Das Sitzen hinter u-förmig gestellten Tischen im Gemeindekirchenrat transportiert gemeinschaftliche Konzentration und stabilisiert die Arbeitsatmosphäre. Der frontale Gottesdienst spiegelt unter anderem die biblische Vorstellung eines Gottes, *vor* den man tritt wie vor einen König oder Richter, und ermöglicht mit seiner klaren Trennung von Expertinnen/Experten und Laien eine angemessene Rolleneinnahme im liturgischen Vollzug. Menschen reagieren mitunter irritiert, wenn sie aus diesen eingelagerten Raumkonzepten genommen werden. Der angestammte Platz in der Kirchenreihe wird nicht immer gern gegen einen Platz im Stuhlkreis vorn am Altar getauscht. Bankreihen und auch Tische bieten Sichtschutz auf Handlungen, die im Stuhlkreis erbarmungslos sichtbar werden (z.B. auf das Handy schauen oder im Gesangbuch blättern).

Raumsoziologische Perspektiven mit ihrem Diktum, dass Raum durch Materie *und* durch soziale Nutzung *erzeugt* wird, machen auch darauf aufmerksam, dass eine bestimmte Anordnung von Objekten *nicht automatisch* bestimmte Interaktionen generiert. Ein Stuhlkreis gebiert nicht selbstläufig symmetrische Kommunikation. Die durch die Körperpositionierung meist hergestellte *Augenhöhe* muss auch durch die Interaktionen der platzierten Akteure (z.B. durch Regeln der gewaltfreien Kommunikation bzw. emanzipatorischen Konzepten wie dem Theologisieren/Philosophieren) *hergestellt* werden. Das Sitzen hinter u-förmig gestellten Tischen erzeugt nicht unwillkürlich konzentriertes Arbeiten und frontales Agieren im Gottesdienst einer Kathedrale generiert nicht von selbst Anbetung, Dankbarkeit und Ehrfurcht. Förderliche gemeindepädagogische Raumkonstruktionen müssen daher immer wieder neu in der Vernetzung von Objekten und Menschen *situativ und entsprechend* hervorgebracht werden.

Literaturverzeichnis

Breidenstein, Georg (2014): KlassenRäume – eine Anaylse räumlicher Bedingungen und Effekte des Schülerhandelns, in: Zeitschrift für qualitative Bildungs-, Beratungs- und Sozialforschung (ZBBS) 5. Jg, Heft 1, 87–107.

Erhorn, Jan/Feltz, Nina/Willems, Katharina (2012): Die Relli ist schon wie eine riesige Wohnung, in: Friebertshäuser, Barbara/Kelle, Helga/Boller, Heike/Bollig, Sabine/Huf, Christina/Langer, Antje/Ott, Marion/Richter, Sophia (Hrsg.): Feld und Theorie, Berlin/Toronto, 105–120.

Fetzer, Marei (2012): Lernen in einer Welt der Dinge, in: Friebertshäuser, Barbara/Kelle, Helga/Boller, Heike/Bollig, Sabine/Huf, Christina/Langer, Antje/Ott, Marion/Richter, Sophia (Hrsg.): Feld und Theorie, Berlin/Toronto, 121–135.

Löw, Martina/Geier, Thomas (³2014): Einführung in die Soziologie der Bildung und Erziehung, Opladen/Toronto

Schmidt, Kai (2004): Das Freispiel und der geordnete Raum, in: Honig, Michael-Sebastian/Joos, Magdalena/Schreiber, Norbert (Hrsg.): Was ist ein guter Kindergarten?, Weinheim/München, 157–192.

Sabine Blaszcyk ist Dozentin am Pädagogisch-Theologischen Institut der Evangelischen Kirche in Mitteldeutschland und der Evangelischen Landeskirche Anhalts in Neudietendorf.

Ein dritter Ort –
ein Grundprinzip bei den Tagen Ethischer Orientierung (TEO)

Carola Häger-Hoffmann

TEO steht für Tage Ethischer Orientierung. In drei- bis viertägigen Veranstaltungen treffen sich Schülerinnen und Schüler verschiedener Schularten, Altersgruppen und Regionen in Norddeutschland in einem ansprechenden Tagungshaus, um gemeinsam in kleinen Gruppen zu leben und zu lernen. Dieses kann mit und auch ohne Übernachtung geschehen. Letztere, sogenannte TEO Lokal Angebote, gewinnen immer mehr an Bedeutung.

Gemeinsam vorbereitet und verantwortet werden diese Tage durch die Lehrerinnen und Lehrer, Mitarbeitende der kirchlichen Kinder- und Jugendarbeit als außerschulische Kooperationspartner, Studierende der Fach- und Hochschulen und viele Ehrenamtliche aus unterschiedlichsten gesellschaftlichen Bereichen.

Das grundsätzliche Anliegen bei TEO macht sich fest an den alltäglichen Erfahrungen von Kindern und Jugendlichen und gilt der Entwicklung von Lebenskompetenz und Identität. Ethisches Lernen wird dabei besonders in kleinen, heterogenen Gruppen gefördert, die durch jeweils zwei Leitende begleitet werden. In eigens dafür geplanten Trainingsseminaren erhalten alle beteiligten Akteure die Gelegenheit, lebensweltlich situative Fragestellungen mit methodischen Kompetenzen zu verbinden, das Team kennenzulernen und beziehungsgestütztes Lernen auszuprobieren.

TEO findet seit 1999 in Mecklenburg-Vorpommern statt, mit der Nordkirchengründung wird dieses Angebotsformat auch für Schulen aus Schleswig-Holstein und Hamburg durchgeführt. Seit 2012 ist TEO ein Format des Arbeitsbereichs Schulkooperative Arbeit/TEO des Hauptbereichs 1, Aus-und Fortbildung, der Evangelisch-Lutherischen Kirche in Norddeutschland (Nordkirche). Der Arbeitsbereich ist ein unselbständiges Werk im Hauptbereich. Durch diese Einbindung ist dieser mit wichtigen Bildungs- und Ausbildungsträgern der Nordkirche verbunden. Zudem kooperiert der Arbeitsbereich mit anderen Hauptbereichen und Institutionen der Nordkirche.

Schulkooperative Arbeit ist qualifiziert durch die Arbeit am „dritten Ort“. Dieser definiert sich in folgenden Merkmalen: Der dritte Ort beschreibt als Lernfeld erster Ordnung für junge Menschen und ihre Bezugspersonen die Gelegenheiten beziehungsstiftender Identität im Grenzbereich von Schule und Kirche. Hier fließen auch Erkenntnisse der Elementarpädagogik ein, als Stichwort sei „Reggio“ genannt. Der dritte Ort orientiert sich am Grundsatz: keine wertorientierende Bildung ohne Beziehung. In theologischer Perspektive handelt es sich um einen Teil des umfassenden Gemeindeverständnisses, das neben den Ortsgemeinden und unzähligen Begegnungen zwischen Christen und Nichtchristen im Alltag auch Gemeinden an dritten Orten einschließt. TEO gewinnt hier auch als Passagegemeinde vermehrt an Bedeutung, gerade bei jungen Mitwirkenden. Bei TEO kann sich Gemeinde zeitlich begrenzt am dritten Ort ereignen. Möglichkeiten dafür bieten Bildungs- und Ferienstätten in kirchlicher oder anderer freier Trägerschaft als Veranstaltungsorte oder auch kommunale Einrichtungen bei TEO Lokal Formaten. Als Prozess ist die TEO-Arbeit dabei immer auf die Gesamtsysteme der handelnden Partnerinnen und Partner bezogen. In praktischer Perspektive wird der 3. Ort zunächst im Hinausgehen aus den vertrauten Räumen, d.h. aus Schulgebäuden und Gemeinderäumen, sinnfällig praktiziert (die Klassenfahrt als symbolhafter Ausdruck) – wie bei TEO-Veranstaltungen aller Module üblich und bewährt. Die einzelnen Angebote sind nachzulesen unter www.teo.nordkirche.de.

Carola Häger-Hoffmann ist Diakonin und Sozialpädagogin.Sie leitet den Arbeitsbereich Schulkooperative Arbeit/TEO im Hauptbereich Aus- und Fortbildung der Evangelisch-Lutherischen Kirche in Norddeutschland.

Räume der Begegnung und Verständigung zwischen den Religionen

Der „interreligiöse Stadtplan" des „Berliner Forums der Religionen"!

Andreas Goetze

Wer religiöse Vielfalt erleben will, muss heute nicht mehr weit reisen. Berlin ist die Stadt mit den meisten Religionsgemeinschaften in ganz Europa. Vielfalt und Pluralität zeichnen die Stadt aus, bergen aber auch Konflikte. Es ist in einer demokratischen Gesellschaft wichtig, dass sich unterschiedliche gesellschaftliche Akteure und Gruppen begegnen, dass Räume der Verständigung geschaffen werden und so eine vertrauensvolle Zusammenarbeit zum Wohl der Zivilgesellschaft entstehen kann. Denn vielfach leben die verschiedenen zivilgesellschaftlichen Gruppen nebeneinander her, sind Berührungspunkte selten. Damit steigt aber auch die Tendenz, das Eigene als alleinigen Maßstab anzusehen und die Welt mit einer einfachen dualistischen Sicht einzuteilen: „Wir – und die anderen". Eine plurale Gesellschaft lebt davon, dass gesellschaftliche Bedingungen im sozialen Raum miteinander ausgehandelt werden. Dazu braucht es entsprechend „dritte Räume", eben Räume der Begegnung und Verständigung.

Der Dialog kann helfen, über den Austausch gemeinsame Interessen zu finden und Initiativen zu entwickeln, die Integration fördern, die sich für gesellschaftliche Teilhabe unabhängig von Herkunft und Glauben einsetzen. Kennenlernen, wahrnehmen, auch kritische Fragen stellen gehören dazu. Religionen und Weltanschauungen können dazu aus ihren Traditionen einen wertvollen Beitrag leisten zur Verständigung und zum Zusammenleben der Menschen. Daran ist zu erinnern gerade im Angesicht der Instrumentalisierung von Religion und Weltanschauung für eigene und politische Zwecke und gerade weil fundamentalistische Tendenzen spürbar sind und Religionen und Weltanschauungen sich abwertend über andere erheben.

Auf solche „dritten Räume" der Begegnung und des Aushandelns aufmerksam zu machen, war das Ziel des Projektes eines interkulturellen und interreligiösen Stadtplans für die Stadt Berlin. Dabei ging es darum, die vielfältigen Projekte und Initiativen, die sich in den Stadtteilen für eine Verständigung der Religionen und Kulturen einsetzen, zu erfassen und der Öffentlichkeit bekannt und zugänglich zu machen. Dieser „interreligiöse Stadtplan" möchte Menschen einladen, sich in diesen Initiativen zu engagieren. Er möchte aber auch ein Zeichen in die Zivilgesellschaft sein, diese Projekte und Gruppen als Kompetenzeinrichtungen für interkulturelle und interreligiöse Verständigung zu erkennen und mit ihnen zusammenzuarbeiten.

BERLINER FORUM DER RELIGIONEN
INTERRELIGIÖSER
STADTPLAN

Herzstück des Projektes „interreligiöser Stadtplan für Berlin" ist der Internetauftritt unter www.interreligioeser-stadtplan.de. Das Projekt ist dementsprechend nicht abgeschlossen, sondern als lebendiges Netzwerk angelegt. Denn der „interreligiöse Stadtplan" kann und soll weiter wachsen – in der Überzeugung: Es gibt bestimmt noch mehr Initiativen, die Projektliste ist noch lange nicht vollständig. Schon jetzt haben sich weitere interreligiöse Initiativen gemeldet, um in den Stadtplan aufgenommen zu werden. Ebenso ist zu berücksichtigen, dass sich aufgrund der zumeist ehrenamtlichen Strukturen die Ansprechpartner wieder ändern können.

Im aktuellen Buch, das zur Präsentation der Homepage im Januar 2017 erschienen ist, stellen sich 42 verschiedene interreligiös und interkulturell arbeitende Projekte, Initiativen und Gruppen vor, beschreiben ihre Arbeit und ihr Selbstverständnis und bieten ihre Kontaktdaten an.

Der „Interreligiöse Stadtplan" ist aus der Arbeit des „Berliner Forums der Religionen" erwachsen. Das „Berliner Forum der Religionen" ist der Zusammenschluss von mehr als 100 Menschen aus verschiedenen Religionsgemeinschaften, spirituellen Bewegungen und interreligiösen Initiativen. Koordiniert wird das Berliner Forum der Religionen von einem interreligiös besetzten Koordinierungskreis. Das Forum ist mit Unterstützung des Beauftragten für Kirchen, Religions- und Weltanschauungsgemeinschaften, Herrn Hartmut Rhein, und seines Teams entstanden und versteht sich als Gesprächsplattform für den Dialog der Religionen untereinander und den Dialog der Religionen mit der Zivilgesellschaft (www.berliner-forum-religionen.de).

In einer religiös pluralen Gesellschaft, in einer globalen Welt braucht es Menschen mit interkulturellen und interreligiösen Kompetenzen. Ohne die religiöse Dimension bleiben fremde Kulturen unverständlich. In einer zunehmend multikulturellen Gesellschaft wird die Verständigung untereinander erschwert, wenn man kein Gespür für die religiösen Wurzeln anderer Menschen aufbringt. Eine bleibende gemeinde- und sozialpädagogische Aufgabe liegt darin, den sozialen Raum mit möglichst vielen Beteiligten zu gestalten. Der „interreligiöse Stadtplan" weist auf solche exemplarischen „dritten Räume" für die Bereiche Bildung, Musik, Integration, Sozialarbeit, Dialog und Spiritualität hin und bietet dafür eine Reihe von möglichen Bündnispartnern an.

Mehr Informationen zum interreligiösen Dialog unter http://www.berliner-missionswerk.de/interreligioeser-dialog.html

Dr. Andreas Goetze, Landespfarrer für den interreligiösen Dialog i[n] der Evangelischen Kirc[h]e Berlin-Brandenburg-schlesische Oberlausitz (EKBO).

GESCHICHTEN AUS DEM KIRCHENASYL

Interview mit Pfarrerin Ute Gniewoß aus der Gemeinde Heilig-Kreuz-Passion

Ute Gniewoß ist seit Mai 2016 in der Evangelischen Kirchengemeinde Heilig-Kreuz-Passion als Pfarrerin tätig. Zuvor war sie 24 Jahre lang Pfarrerin in der Kirchengemeinde Velten/Marwitz.

Irem Nur Yildiz: Wie kamen Sie zum ersten Mal in Kontakt mit dem Thema Kirchenasyl?

Pfarrerin Ute Gniewoß: Ich habe 1992 Bilder des Kriegs in Bosnien im Fernsehen gesehen, die ich nicht ausgehalten habe. Darüber habe ich mit Menschen in meiner Gemeinde gesprochen, wodurch es zu einer Aufnahme von sieben bosnischen Flüchtlingen aus zwei Familien im Pfarrhaus kam. Das lief damals nicht als offizielles Kirchenasyl, aber es waren Flüchtlinge, die von der Kirche aufgenommen wurden. Wir haben über vier Jahre zusammen unter einem Dach gelebt. Das war mein erster intensiver Kontakt mit Flüchtlingen. Aus diesen Erfahrungen heraus bin ich wachsam für dieses Thema geworden.

Woher nehmen Sie Ihre Motivation, sich in diesem Bereich zu engagieren?

Theologisch gesehen ist es für mich vollkommen klar, dass Fremde und Flüchtlinge in der Bibel benannt werden als Menschen, die besonderen Schutz brauchen; die nicht unterdrückt werden dürfen und die oft zusammen mit anderen besonders schutzbedürfigen Menschen genannt werden, z. B. mit Witwen und Waisen. Auch in unserer heutigen Gesellschaft ist es leider so, dass manche Menschen ihre Rechte nicht einfach wahrnehmen können, sondern sie ihnen oft vorenthalten werden. Dazu gehören auch Flüchtlinge. Und Gott stellt uns an ihre Seite, um ihnen beizustehen.

Das muss noch nicht unbedingt dazu führen, dass man sich für Kirchenasyle engagiert. Ich glaube, was bei mir dazu geführt hat, war einfach, dass ich mich den Erfahrungen von Flüchtlingen ausgesetzt habe, nachgefragt habe, hingehört habe und dann manchmal nicht anderes konnte, als zu überlegen, ob man sie in ein Kirchenasyl aufnehmen kann.

Ich denke, dass es wirklich dieser Mechanismus ist: Wenn man sein Herz öffnet, dann kann es passieren, dass man innerlich genötigt ist von dem eigenen Gewissen und dann nicht anderes kann. Ehrlicherweise würde ich auch sagen, dass am Anfang nicht nur Verantwortungsbewusstsein steht, sondern auch Neugier. Ich finde einfach Menschen, die aus anderen Ländern kommen, erstmal spannend. Egal aus welchem Land oder aus welcher Situation sie kommen, ich bin neugierig.

Der frühere Bischof Huber hat einmal gesagt, Kirchenasyle helfen dem Rechtsstaat seine Aufgabe wahrzunehmen. Ich würde das auch so sehen. Menschen aus dem Raum der Kirche müssen mit darauf achten, dass Geflüchtete ihr Recht auf Asyl wahrnehmen können und ihre Menschenrechte geachtet werden.

Wie haben Sie Kirchenasyl in Ihrer Gemeinde erlebt?

Ich habe etwa 15 Kirchenasyle in meiner und anderen Gemeinden mitorganisiert und erlebt. Sie dauerten unterschiedlich lang, zwischen zwei Wochen und neun Monaten. Manchmal lebten die Geflüchteten mit bei mir im Pfarrhaus, manchmal in anderen Räumen der Gemeinde. Wichtig war immer, dass sich auch Gemeindeglieder engagieren.

Ich erinnere mich an ein Kirchenasyl im Jahr 2015, das über 3 Monate lief. Wir hatten zwei Eritreer in Schutz genommen. Da hat sich eine Gruppe von über 10 Personen aus der Gemeinde eingebracht. Es gab Leute, die die beiden besucht haben, andere haben Deutschunterricht gegeben, wieder andere haben sich um Fragen von Finanzierung oder Behördenkontakt gekümmert.

Es war klar, die Menschen im Kirchenasyl brauchen dringend soziale Kontakte, jeden Tag. Das müssen wir organisieren. Deswegen brauchten wir eine Gruppe und es war toll zu sehen, dass so viele mitgemacht und die beiden treu unterstützt haben.

Bleibt nach Beendigung eines Kirchenasyls noch Kontakt mit den Menschen?

Das ist sehr unterschiedlich. Es gibt Menschen, zu denen habe ich auch nach dem Kirchenasyl noch länger oder sporadisch Kontakt. Generell sehe ich es so: Alle Menschen sind auf ihrem Weg. Und auf ihrem Lebensweg haben sie eine Weile bei uns Station gemacht. Wir haben sie so gut es ging unterstützt. Und dann haben sie ihren eigenen Weg fortgeführt.

Was für Erfahrungen haben Sie gemacht? Was fällt Ihnen schwer, was war schön?

Die schwierigste Erfahrung ist für mich, dass ich manchmal Angst hatte um diese Menschen. Es spiegelt die Angst der Flüchtlinge, die einfach nicht wissen, was auf sie zukommt und natürlich auch die Situation, in der sie sich befinden, oft nicht einschätzen können. Sie sind in einem fremden Land, sie wissen nicht, was Kirche kann oder nicht kann, was ich kann oder nicht kann. Sie haben Angst. Diese Angst löst bei mir aus „Ich muss das schaffen". Ich habe mir oft Sorgen gemacht, ob ein Kirchenasyl gelingen wird, weil das nicht selbstverständlich ist. Aber mir persönlich kann ja nicht wirklich etwas Ernsthaftes passieren. Die Flüchtlinge sind in einer schwierigen Lage, aber nicht ich oder wir als Gemeinde. Für uns ist es manchmal anstrengend, aber schwer ist es für die Geflüchteten.

„Der Schmerz dieser Menschen ist so groß, dass sie das manchmal selbst noch nicht richtig realisiert haben."

Und es bleiben natürlich auch Erinnerungen. Das sind manchmal sehr kleine Dinge, die im Kopf bleiben. Dazu fällt mir eine Frau aus dem Iran ein, die mir sehr detailliert erzählt hat, wie ihre Wohnung ausgesehen hat. Wie sie ihr Schlafzimmer eingerichtet hatte, mit welchen Farben und was sie schön fand. Sie hat alles für die Flucht verkauft, das Schlafzimmer gibt es nicht mehr. Manchmal machen solche kleinen Schilderungen mir klar, wie viel Menschen zurückgelassen haben.

Oder Schilderungen von Flüchtlingen, die nie wieder in ihre Heimat zurückkehren können. Der Schmerz dieser Menschen ist so groß, dass sie das manchmal selbst noch nicht richtig realisiert haben. Sie leben immer in der Hoffnung, ihre Eltern, ihre Verwandten wiederzusehen, und in manchen Fällen ist diese Hoffnung nicht aussichtsreich. Sie leben unter dem Druck, Angehörigen helfen zu müssen, die ebenfalls in Gefahr sind – und fühlen sich hilflos. Sie erfahren, dass Freunde oder Verwandte umgekommen sind und trauern in der Ferne. Das sind die Erfahrungen, die man behält.

Aber natürlich gibt es auch viel Schönes: Es kommen Menschen aus anderen gesellschaftlichen Kontexten zu uns, mit anderen sozialen Kontaktformen, aus anderen Kulturen, mit anderem Humor. Das birgt so viel Potential und auch gute Infragestellungen, denn wir in Deutschland sind ja nicht einfach glückliche Menschen. Was trägt auf der Flucht? Was schenkt Zuversicht? Der Kontakt zu Geflüchteten ist für mich immer auch ein Geschenk. Im Kirchenasyl ist dieser Kontakt oft besonders intensiv. Menschen schenken uns ihr Vertrauen und lassen uns an ihrem Leben teilhaben. Ich habe Kirchenasyle auch oft als Glaubensstärkung erlebt, weil wir gemeinsam lernen, mutiger zu werden und Gottvertrauen zu haben. Mit anderen Gemeindegliedern hat man gemeinsame Erfahrungen, die einen verbinden, weil man in dem Moment spürt, dass das, was man gerade tut, sehr wichtig ist, für das Leben anderer Menschen wirklich zählt.

Auch habe ich ein Enkelkind bekommen durch ein Kirchenasyl. Ich hatte eine Frau im Pfarrhaus aufgenommen, die alleine und hochschwanger abgeschoben werden sollte. Sie hatte ihre Eltern verloren, als sie 8 war. Und diese Frau hat von sich aus entschieden, dass sie mich als Mutter adoptiert und als Oma für ihr Kind. Am Tag der Geburt des Babies hat sie es mir in den Arm gelegt und gesagt: „Go to your grandma." Das ist jetzt fast 3 Jahre her, ich habe die Rolle noch immer. Damals habe ich mir gesagt: Ich kann nicht für viele Menschen Mama und Oma sein, aber für ein paar wenige schon. Letztens rief die Kleine quer durch die Kirche „Oma!". Ich sah, wie einige sich fragten, wie dieses schwarze Kind das Enkelkind dieser weißen Frau sein kann, schön, wenn Gottes Wege uns schmunzeln lassen.

Ein Ehepaar im Kirchenasyl hat mich gefragt, wie sie deutsche Eltern finden können. Ich hab erst die Frage nicht verstanden. Ich habe zurückgefragt: „Wofür braucht ihr deutsche Eltern?" Und sie haben gesagt: „Familie ist wichtig, ganz wichtig. Wir werden unsere Familien wahrscheinlich nicht wieder sehen. Wir wollen ein Kind bekommen und wir möchten, dass unser Kind nicht ohne Großeltern aufwachsen muss. Wir brauchen Familie, denn Familie bedeutet, dass man miteinander spricht, dass man sich begleitet, dass man sich einen Rat gibt, dass man zusammen Ausflüge macht, und wir fühlen uns verarmt ohne Eltern. Ich dachte daran, dass ich oft Schilderungen höre, was in einer Familie gerade schwierig oder belastend ist, aber selten einen solchen Lobpreis auf Familie. „Wie können wir deutsche Eltern bekommen?" Die Frage steht noch im Raum. (Wenn Sie eine Idee haben, liebe Leserin und lieber Leser, melden sie sich gerne.)

Was kann Kirchenasyl in der Gemeinde verändern?

Ich bin vorsichtig beim Beantworten dieser Frage, weil ich befürchte, dass es Gemeinden gibt, in denen sich nicht viel verändert hat. Ich glaube, dass ein Kirchenasyl immer die Menschen verändert, die sich intensiv darauf einlassen. Sie bekommen einfach einen sehr persönlichen Eindruck davon, was die Folgen von Flucht sein können. Klischees und Vorurteile gegenüber Menschen aus einem bestimmten Land werden brüchig oder lösen sich auf. Nicht selten beginnen sie, auch das eigene Leben noch einmal anders zu sehen – oft demütiger und dankbarer.

Die Fragen stellte Irem Nur Yildiz.

Wer mehr wissen will: In dem Buch „Kirchenasyl eine heilsame Bewegung" finden sich Beiträge auch von Ute Gniewoß zu der Frage, wie die Beteiligung an Kirchenasylen die Begleitenden verändert. „Kirchenasyl eine heilsame Bewegung", F. Dethloff und V. Mittermaier (hg.), Loeper Literaturverlag, Karlsruhe, 2011.

Martin-Luther-Kirche, Oberwiesenthal

Ev.-Luth. Kirchgemeinde Leubsdorf

Krabbelecken *in der Kirche*

Uwe Hahn ist Bezirkskatechet in Leipzig und Mitglied der Redaktion.

Ev.-Luth. Kirchspiel Pegau

Ev.-Luth. Jakobi-Christophorus-Kirchgemeinde Freiberg

Ev.-Luth. Pauluskirchgemeinde, Leipzig-Grünau

Ev.-Luth. Stadtkirche St. Marien, Borna

Die Kirche und der Raum

Hans-Jürgen Kutzner

Was ist das: Kirchlicher Raum?

Raum, das kann vielerlei bedeuten. Arbeitshypothetisch könnten wir uns darauf einigen, speziell den kirchlichen Raum mit Michel Foucault als *Heterotop*, als *Ander-Raum* zu bezeichnen. Die folgenden Darlegungen mögen deutlicher hervortreten lassen, was gemeint ist.

Nicht Kirche vom Raum her betrachten, sondern umgekehrt!

Im Horizont der Gedanken Foucaults über die Heteronomie von Räumen, die von einer oder mehreren Nutzungsmöglichkeiten her das Phänomen Raum betrachtet, könnte sich eine Brücke schlagen lassen zu einer neuen Betrachtungsweise, die a priori (den kirchlichen) Raum von seiner Funktion her einordnet. Mein Vorschlag lautet also: Wir sollten versuchen, uns dem Begriff *Raum* vom Adjektiv *kirchlich* her zu nähern!

Was tut die kirchliche Gemeinde? Sie versammelt sich. Sie kommt zusammen, um zu feiern. Dieses Feiern findet nach bestimmten, von Konfession zu Konfession zu unterscheidenden Regeln statt. Die Gemeinde feiert nicht sich selbst und ihr bloßes Da-Sein, die Feier hat es mit dem die Gemeinde einigenden Glauben an den sich in der Person Jesu Christi der Schöpfung zuwendenden Gott zu tun. Die Gemeinde geht, sitzt, steht, kniet. Die Gemeinde schweigt, hört, singt oder spricht chorisch. Sie vollzieht sinnlich greifbare Akte der Hinwendung, des Betens. Das Gesamt des gottesdienstlichen Zeichenkanons wird seit alter Zeit als *Liturgie* beschrieben, wörtlich als *Dienst.*

Was erfordert dieser Dienst oder genauer gesagt: dieses Tun, dieses Geschehen im Dienst der Gemeinde ihrem Gott gegenüber für materielle Gegenstände, was gleichsam für ein Mobiliar, um die Durchführung der verschiedenartigen Funktionen innerhalb des liturgischen Prozesses zu gewährleisten? In den allermeisten gottesdienstlichen Räumen christlicher Kirchen sind dies: Altar, Kanzel/Ambo und Taufbecken. Sie gehören prinzipiell in einen solchen Raum hinein. Man nennt sie *Prinzipalstücke.* Sie strukturieren den euklidisch fassbaren Raum und verleihen ihm gerade durch diese Strukturierung eine unterschiedliche, je von der besonderen Funktion her bestimmte Konnotation. Der Altar weist dergestalt über sich hinaus, als er zunächst einfach einmal nur *ist.* Blumen, Kerzen, zwei- oder dreidimensionale Bildwerke, Bücher, verschiedenartige bedeckende Textilien: Das alles mag hinzukommen, temporär von Bedeutung sein, einen besonderen Blickfang darstellen. Konstitutiv für das Phänomen Altar sind alle diese Dinge keineswegs. Nach christlicher Tradition steht der Altar für die Begegnung mit Gott. In den allermeisten Kirchen: für das Geschehen der Eucharistie.

Das Christentum als *Buchreligion* hat es mit der Bibel zu tun. Aus ihr wird in der versammelten Gemeinde gelesen. Es hat sich in verschiedenen Konfessionen und Gemeinden der Brauch herauskristallisiert, den Ambo (Lesepult) der Schriftlesung vorzubehalten, während von der Kanzel das Wort ausgelegt und die Gemeinde mit wichtigen Mitteilungen versorgt wird. Während Altar und Ambo/Kanzel meist in der Linie der unmittelbaren Blickrichtung durch die Gemeinde situiert sind, trifft dies auf das Taufbecken nicht immer zu. Die Alte Kirche kannte gesonderte Taufkapellen, heute finden wir Taufstein und -becken häufig entweder im Eingangsbereich oder in einer seitlichen Position in der Nähe des Altars. Im Unterschied zu Altar und Verkündigungsstätte findet eine Verwendung des Taufbeckens nur zu besonderen Gelegenheiten statt, nämlich zu Taufhandlungen, sei es im normalen Gemeindegottesdienst, sei es im Rahmen eigener Taufgottesdienste. Das Weihwasserbecken römischer Tradition erfüllt den Sonderzweck einer ständig präsenten Erinnerung an das den eigenen Status Begründende der Taufe.

Neben den drei genannten und für die allermeisten Kirchenräume konstitutiven Prinzipalstücken seien noch diejenigen genannt, die wir als so etwas wie *sekundäre Prinzipalstücke* bezeichnen könnten. In erster Linie wäre hier das Kreuz zu nennen – mit oder ohne Darstellung des Gekreuzigten daran – hinzu kommen Einrichtungen für musikalisches Tun wie Chorgesang oder begleitende Instrumente wie die Orgel. Beides findet häufig an einem gegenüber dem Bodenniveau erhöhten Ort statt.

Grundtypen kirchlicher Raumgestaltung

Während sich – je nach Art der äußeren Bedrohung im Rom der ersten drei Jahrhunderte unserer Zeitrechnung – die frühesten Christengemeinden entweder in den Synagogen trafen (so noch in neutestamentlicher Zeit), finden wir später Hauskirchen, zunächst in Privathäusern aus dem Hauptraum entwickelt, später besonders im Osten auch durchaus bereits als eigener Gebäudetypus konzipiert. Daneben fanden gerade im Umfeld der Metropole Rom christliche Versammlungen auch in den zahlreichen Katakomben statt, von denen einige gesondert gestaltete Kulträume enthalten.

Mit der *Konstantinischen Wende* setzte dann verstärkt ein eigenes kirchliches Bauprogramm ein, vom Kaiser inspiriert und protegiert. Der vorherrschende Bautypus orientierte sich an einem rein profanen Bauprogramm, nämlich dem der griechisch-römischen Markt- oder Gerichtshalle, der Basilika. Ein solcher Bau ist längsgerichtet; die Achse läuft auf den Raum zu, in dem Altar und Priestersitze angeordnet waren. Dem Hauptschiff konkurrieren zwei oder vier, in besonders hervorgehobenen Fällen sogar sechs Seitenschiffe, in Höhe und Breite gegenüber dem Hauptschiff zurücktretend. In Rom waren die Basiliken in früher Zeit häufig nach Westen hin ausgerichtet, in späterer Zeit setzte sich wie in den übrigen Reichsteilen die Ostung durch. Seltener findet sich neben diesem *longitundinalen* (=längsgerichteten) Grundriss der *zentrale*. Um eine Mitte herum, die vertikal äußerlich als der höchstgelegene Raumteil sichtbar wird, gruppieren sich die umlaufenden Räume, wobei auch hier in früher Zeit ein oder zwei Seitenschiffe den Haupttambour umgeben. Für Taufkapellen fand der Zentralbau ebenso Verwendung wie für Begräbniskapellen meist hochgestellter Persönlichkeiten. Der Grundriss ist entweder in einen Kreis einbeschrieben oder aber sechs-, acht- bisweilen vieleckig gestaltet. Neben diesen meist kleineren Bauten finden sich auch repräsentative Großarchitektur in der Zentralbauweise, die dem Staatsgottesdienst des Kaisers dienten. Berühmte Beispiele finden sich in Konstantinopel, Ravenna und Aachen. Ein später Nachfahr dieser zentralen Kaiserbauten ist übrigens der *Berliner Dom* des Hauses Hohenzollern. Längs- und Rundbau bildeten in mannigfachen Varianten Jahrhunderte lang die Grundtypen kirchlicher Baukunst.

Vom Öffentlichkeitscharakter kirchlicher Bauten

Wir sahen: Kirchliche Bauten lassen sich angemessen mit Foucault als Heterotopien oder Heterotope bezeichnen, als Raumgefüge also, die von ihrer Funktion her als Ander-Orte bestimmbar sind. Und wir haben versucht, uns über die Gliederung durch das liturgische Mobiliar Rechenschaft zu geben. Die Prinzipalstücke und übrigen Einrichtungsgegenstände bestimmen zum einen so etwas wie eine Binnengliederung des prinzipiell offenen Raumes in Zonen oder Bereiche unterschiedlicher Bedeutung (die in letzter Konsequenz zu einer regelrechten Hierarchisierung der verschiedenen Bereiche führen kann). Zum anderen ist es das Subjekt der Liturgie feiernden Gemeinde, welches den Raum dieser Liturgie als etwas zu Erkundendes, in verschiedenen Richtungen zu Erschreitendes realisiert. Damit tritt das Element der Bewegung hinzu. Zum Stehen, Sitzen, Knien innerhalb des Gestühls kommt die Hinwendung, das Schreiten, das Sichversammeln an einem Unterzentrum. Es ist, als durchzögen unsichtbare Vektoren den liturgischen Raum in seiner komplexen Heterogenität. Der evangelische Kirchenbaumeister Otto Bartning sprach zur Beschreibung des solcherweise heretotopen Liturgieraumes von dessen *Raumspannung*. Wir reden also in der Tat vom Zusammenspiel menschlicher Raumerkundung mit allen Sinnen, der Funktion einzelner Raumzonen mit den Materialien, aus denen das Phänomen *Raum* sich zusammensetzt.

Dabei waren diese Räume der Kirche stets als öffentliche Räume konzipiert. Im Unterschied zum heidnischen Tempel, der als Gehäuse die Götterbilder umschloss und nur zu besonderen solennen Gelegenheiten der Priesterschaft offen stand, ist es von allem Anfang an die um Wort und Sakrament versammelte Gemeinde, die als kollektives Subjekt in und mit dem Raum der Liturgie umgeht. Verdeutlichen wie uns, was diese Erkenntnis bedeutet! Foucault entwickelt seinen Begriff des *Heteronomen Raumes* am Beispiel anderer öffentlicher Bauten wie Schulen, Krankenhäusern, Gefängnissen, Kaufhäusern, Bordellen, Bahnhöfen usw. Zweifellos handelt es sich um Räume für eine bestimmte Form von Öffentlichkeit in einer je in bestimmter Weise qualifizierten Bedürfnislage. Die jeweilige Funktion bestimmt das Funktionieren, d.h., die je und dann anders definierte Bedürfnislage schafft sich das für sie am besten geeignete Raumgefüge.

Wie steht es in dieser Hinsicht aber nun mit Kirchenräumen? Ihre Funktionalität liegt grundsätzlich in einem Bereich, der sich rein immanenter Plausibilität entzieht. Streng genommen ist der Raum der Kirche nach menschlichen Maßstäben zweck-frei. Das ist durchaus kein Manko, sondern eröffnet eine Perspektive, die mit dem Geheimnischarakter von Religion zu tun hat. Der Raum der Liturgie muss einem Wesen nach öffentlicher Raum sein, in seiner Zweckfreiheit weist er über sich selbst hinaus. Damit hält er im Erleben der Versammelten die Raumspannung hin zum Potenzial für Transzendenzerfahrung, für Gottesbegegnung offen.

In der Sphäre des göttlichen Atems

In Anlehnung an Bartnings Begriff der *Raumspannung* können wir diesen Begriff deuten als so etwas wie die *Spirituelle Geometrie* des kirchlichen Raumes. Sowohl die architektonische Struktur als auch die Rezeptionsästhetik seitens der Benutzenden sind in dieser Vorstellung aufgehoben. Ein eigenes Begriffsinstrumentarium der Beschreibung dieser spirituellen Geometrie lässt sich gewinnen mit Hilfe mythologischer und meteorologischer Sprache. Spricht die antike Mythologie beim Bild der Welt von *Sphären*, die – kristallischen Kugelgebilden gleichend – in ihren untereinander harmonischen Bewegungen den Raum zwischen der erfahrbaren Menschenwelt und den diese transzendierenden *höheren* Regionen gliedern, so kommen in diesem Bild viele Aspekte zu ihrem Recht: unter anderem Naturwissenschaft, Astronomie und Religion. Verblüffenderweise kennt auch die zeitgenössische Meteorologie die Rede von *Sphären*. Geht es hier spezifisch um klima- und wetterrelevante Begrifflichkeit, so beschreibt auch diese Sphärenlehre unterscheidbare Regionen, die stets vom Lebensraum des Menschen aus gedacht den ihn umgebenden Raum in immer weiter ausgreifenden Bildern der Entfernung zu beschreiben sucht.

Der (oder richtiger: die) *Ruach* Gottes bezeichnet in dem Bild des in durchaus verschiedener Stärke auftretenden Windes in der Hebräischen Bibel den Geist, den Atem (poetisch: Odem) Gottes. Dieses Bild – vom sanften Hauch bis zum Sturmwind – kann sich verbinden mit demjenigen des Feuers, des Brennens. Auch das Ein- und Ausatmen der sich in und durch diesen Geist zusammenfindenden Gemeinde ließe sich beschreiben als kollektive Funktion in je nach Situation kaum spürbarer bis nahezu physisch erlebbarer Atmo-Sphäre. Spiritueller Raum wäre dann zu bezeichnen als der heterotope Bereich des Geist-Austausches zwischen Gott und Gemeinde.

Was also für den äußerlich sichtbaren Bau einer Kirche gilt: Er ist der Körper des Organismus *Ecclesia*, das darf nun auf den spirituellen Raum gewendet bedeuten: Was die Seele für den Menschen, ist der liturgische Spirituelle Raum für die Kirche!

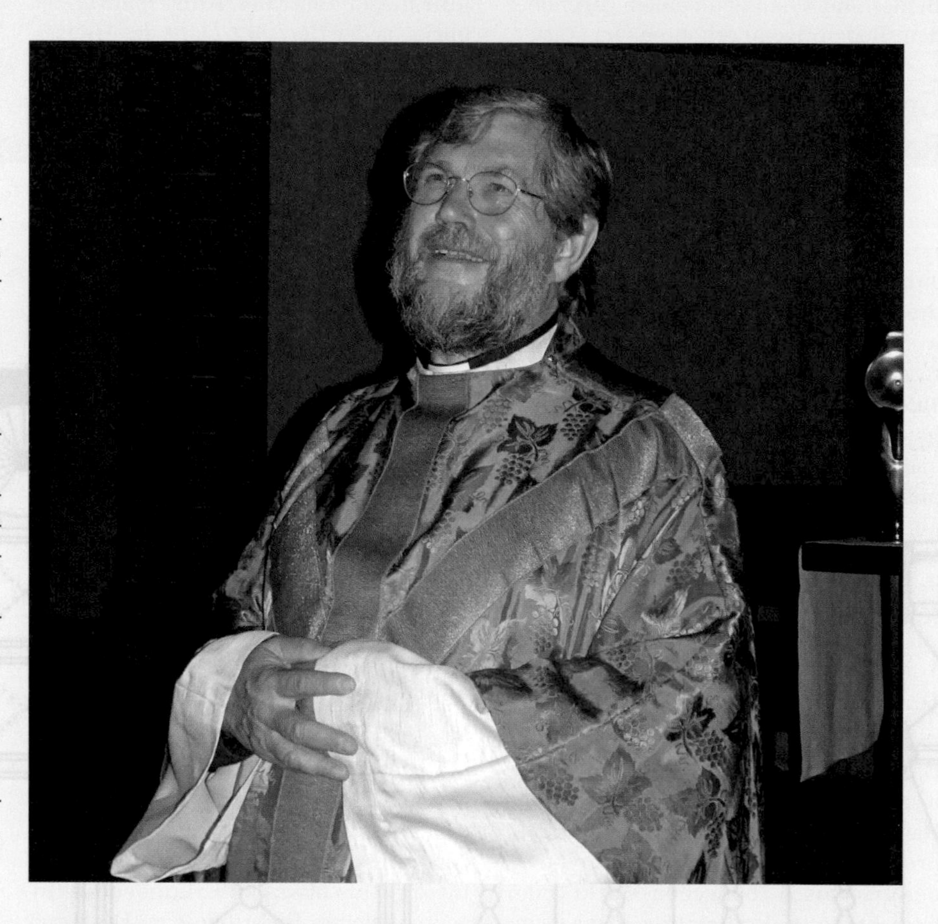

Dr. Hans-Jürgen Kutzner ist Holzbildhauer, Kunstwissenschaftler, Christlicher Archäologe und Evangelischer Theologe. Er arbeitet als Referent am EKD-Zentrum für Qualitätsfragen im Gottesdienst im Michaeliskloster Hildesheim.

Kirchen führen

Räume erschließen

Regionen stärken

Andrea Felsenstein-Roßberg

Das Murmeln ebbt ab. Die Teilnehmenden haben Platz genommen. 20 neue Gesichter in einem großen Stuhlkreis schauen erwartungsvoll zum Leitungsteam. Jetzt geht es los! Irgendwann haben sie im letzten halben Jahr den Werbe-Flyer in die Hand bekommen, haben ihn studiert, vielleicht gedreht und gewendet, das Angebot mit dem Partner, der Partnerin besprochen, mit Urlaubsplänen und ihrem Terminkalender abgeglichen. Und jetzt sind sie da. 20 Menschen, die sich im nächsten Dreivierteljahr zu Kirchenführern ausbilden lassen wollen. Frauen und Männer mit unterschiedlichsten Hintergründen und Lebensgeschichten, die meisten um die 50 Jahre und älter. Menschen über der Lebensmitte, die noch einmal aufbrechen möchten, noch einmal Neues lernen und sich ausbilden lassen wollen. Das Interesse an Kirchenführerausbildungen ist ungebrochen. Warum? Für manche ist es eine Perspektive für den Ruhestand, nach dem Erwerbsleben ein sinnvolles Aufgabengebiet zu haben und in Kontakt mit Menschen zu bleiben. Andere wollen einfach gerne ihr Wissen erweitern und dafür bieten sich Kirchenräume mit ihren breit gefächerten Themenkreisen an. Wieder andere sind bereits versierte Stadt-und Gästeführer. Nur mit den Kirchen, da kennen sie sich nicht besonders gut aus. Deshalb sind sie da.

Kirchenräume faszinieren

Trotz zunehmender Religionsvergessenheit: Kirchenräume faszinieren. Und das nachhaltig. Menschen suchen sie auf. Im Urlaub, auf der Durchreise, beim Städtetrip, in der Mittagspause. Nachweislich viel mehr als zu den Gottesdiensten. Was fasziniert? Die Antwort geben am besten die Besuchenden selbst. Vermutlich aber kommen hier viele Faktoren zusammen. Es ist ein Zusammenspiel aus Originalität – denn kein Kirchenraum gleicht dem anderen, wie z.B. Fußballstadien, Banken oder Kaufhausketten dies tun – und der besonderen Atmosphäre aus diffusem Licht, herausragender Architektur, speziellen Gerüchen, der – gerade im Sommer – erfrischenden Kühle, von beeindruckender Kunst und einer reichen Figuren- und Symbolsprache. Oder im modernen Kirchenbau die Klarheit der Linien und die Stille der Kargheit. Dies alles macht Kirchenräume nicht selten zu einer *anderen Welt*, in die man unvermutet eintritt, die einladend ist und manchmal auch befremdlich, gleichwohl aber faszinierend. Welt- und Glaubensbilder spiegeln sich in ihnen. Sei es das *Himmlische Jerusalem* transparenter gotischer Kathedralräume oder der überschwänglich ausgestattete barocke Tanzsaal mit dem Blick in den offenen Himmel, sei es die romanische Kirchenburg, →

die die Macht Gottes und des Landesherren abbilden will, oder das Schiff, das Zelt mit dem offenen Holzdachstuhl. Die Räume verkörpern zeitgebundene Gottes- und Gemeindebilder und zeugen von historischen und technischen Entwicklungen im Laufe der Jahrhunderte.

Bedeutung der Kirchenräume

In Kirchenräumen verbinden sich viele *Wissenslinien*. Architektur, Theologie, Kultur, Kunst- und Glaubensgeschichte prägen sie. Alles spricht, erzählt, aber kann von den meisten Menschen heute nicht mehr gelesen werden. Und das wollen die, die durch Kirchen führen, lernen: diese Räume entziffern können, ihre Geschichte und Genese verstehen. Aber nicht nur das. Viele ahnen, dass man Kirchenräumen nicht nur historisch referierend auf die Spur kommen kann. Sind sie doch zuallererst Sakralräume. Jahrzehnte- oder auch jahrhundertelang durchbetete und durchsungene Räume, deren Nutzung spürbar ist. Vielerlei Gottesdienste, Gesang, Gebet, Verkündigung und Segen, Taufen, Hochzeiten, Konfirmationen, Geistliche Konzerte, Abendgebete, Osternächte und vieles mehr haben Spuren in ihnen hinterlassen. Die besondere Atmosphäre dieser Feier-Räume zeugt von der Gegenwart Gottes, der überall – vor allem aber auch hier in den Kirchenräumen – als gegenwärtig erfahren werden kann. Zu dieser Begegnung laden Kirchengemeinden ein, wenn sie ihre Kirchen aufschließen und verlässlich geöffnet halten. Menschen können im stillen Kirchenraum erleben: einmal ununterbrochen *da sein* zu können. Das ist für manche eine neue Erfahrung, für etliche sogar so etwas wie Gnade. Kirchenräume ermöglichen das. In diesem Sinn sind sie gesellschaftlich hoch aktuell. Als Rückzugsorte. Als Orte der Stille und Besinnung. Bis Menschen wieder Kontakt zu sich selbst bekommen. Ihr Herz wieder schlagen hören und ihre Sehnsucht spüren. Hilfen dazu liegen bereit: Kerzen können entzündet werden, Gebete liegen aus, Schreibbücher stehen bereit. Wer darin blättert, entdeckt Seelenwelten von Dank, Not, Zweifel – gehalten von einer tiefen Gottessehnsucht. Das ist die andere, verborgene Seite der Kirchenräume, die man nicht so schnell zeigen kann wie ein schönes Kunstwerk und die doch in der Bedeutung der Kirchenräume für Menschen von heute eine immer größere Rolle spielt. Dies wahrzunehmen und den Kirchenraum auch als Glaubensraum mit seinen verkündigenden Seiten zu entdecken, als Ort der Stille, des Gebets, des Hörens, des Trostes, darum geht es in den aktuellen Kirchenführungs-Ausbildungen auch.

Vom kirchenpädagogischen Ansatz inspiriert

Sie wissen sich vor allem dem kirchenpädagogischen Ansatz verpflichtet, der eine ganzheitliche Begegnung mit dem Kirchenraum intendiert. Seit zwei Jahren gibt es in den fränkischen Regionen Bayerns und in Südbayern regionale Kirchenführer-Ausbildungen. Sie werden von Verbünden

verschiedener Ev. Erwachsenenbildungswerke in Zusammenarbeit mit dem Gottesdienst-Institut/Referat Spiritualität und Kirchenraum konzeptioniert und im Team mit ca. 20 Teilnehmenden durchgeführt. Zentral prägen die Ausbildung drei Säulen. Wir nennen sie *F – B – I*. Leicht zu merken. Sie sind so etwas wie der *geheime Schlüssel* für das ganzheitliche Handwerk der Kirchenführenden.

F – B – I

F steht für *Führungskunst lernen*. Denn eine Kunst ist es tatsächlich, eine gute Führung zu leiten, die dem Kirchenraum, der jeweiligen Gruppe und auch den eigenen Fähigkeiten gerecht wird. Es will gekonnt sein Menschen und ihre Bedürfnisse einzuschätzen, ihr Interesse zu wecken und sie bei der Stange zu halten. Es ist ein Unterschied, einen Betriebsausflug zu führen oder eine Schulklasse, einen Frauenkreis oder eine Architektengruppe. Hier braucht es menschliches Einfühlungsvermögen, Klarheit und ein Rollenbewusstsein für die eigene Aufgabe.

B bezieht sich auf das Herz kirchenpädagogisch inspirierter Kirchenführungen: *Begegnung mit dem Raum inszenieren*. Hier ist kirchenpädagogisches Handwerkszeug gefragt, meint: eine Fülle unterschiedlicher Methoden, die den Kirchenraum in seiner Anlage, seiner Geschichte, seiner Ausstattung vorstellen und darüber hinaus auch Kirchenräume als mögliche Lebenswegbegleiter, als Räume des Segens und der Stille erfahrbar machen.
Vier Prinzipen oder Haltungen, dem Raum zu begegnen, spielen hier eine Rolle:

1. Es geht immer wieder um *Verlangsamung*. Langsam in den Raum eintreten, bewusst die Schwelle überschreiten, schweigend umhergehen und den Raum wahrnehmen, gemeinsam in Ruhe ein Bild betrachten, Wahrnehmungen teilen, evtl. den biblischen Bezug des Dargestellten herstellen.
2. Nicht der ganze Kirchenraum kann gezeigt werden, sondern Einzelheiten, die exemplarisch Themenkreise anreißen. Für die geschichtlichen Bezüge ein Baumeisterzeichen, die Grafenloge, ein Epitaph mit den Bezügen zur Orts- und Patronatsgeschichte. Für die Prinzipalien, die vornehmsten Ausstattungsstücke, der besondere Altar oder Taufstein, an dem Symbole der Evangelisten am Kanzelkorb oder die symbolische achteckige Taufsteingestaltung entschlüsselt werden. Das alles gehört zum zweiten Prinzip der notwendigen *Fokussierung* einer Führung.
3. Räume werden immer schon körperlich erfahren. Weite, Höhe, Enge eines Raumes wirken auf uns, lösen Eindrücke aus, die wir leibhaft spüren. Diese Wahrnehmungen nutzt die *Versinnlichung* von kirchenpädagogisch inspirierten Führungen. Alle Sinne sollen mit einbezogen werden. Wie hört sich die Stille an? Was kann man riechen? Was kann man ertasten, am besten bei einer angeleiteten Blindenführung? Wie fühlen sich die Mauern und Pfeiler im Raum an? Welche Wirkung haben sie auf uns? Für Erwachsene oft nicht einfach, die Dominanz der Augen und Ohren etwas zu reduzieren, um neue Erfahrungen machen zu können.
4. Und wichtig im Führungsstil: Keine schwierigen kunsthistorischen oder theologischen Begrifflichkeiten. Auch wenn der oder die Führende hier vielleicht mit Stolz seinen Wissensvorsprung oder die Kompetenz demonstrieren möchte: wesentlich ist die *Elementarisierung*. Durch sie gelingt es, auch Brücken zur Alltagswelt der Gruppe zu schlagen. Eine Beweinungsszene z.B. kann an eigene Trauererfahrungen anknüpfen, die 14 Nothelfer Anregung bieten, über Menschen im eigenen Leben nachzudenken, denen ich dankbar bin. Elementarisierung hilft zu aktualisieren, damit wir die Sprache der Kirchenräume verstehen können.

I , der letzte Buchstabe des Ausbildungs-Konzeptes bezieht sich last not least auf die *zu erlernenden Informationen*. Wissenserweiterung in Kulturentwicklung, Geschichte, Baustilkunde, Theologie und Architektur. Informationen erhalten und verarbeiten.

Die Ausbildung – Stärkung der Region

Alle drei Säulen tragen abwechselnd die 50 Stunden Ausbildung in der Region. An verschiedenen Freitagen und Samstagen, zu Beginn und Ende auch an zweitägigen Kurstagen mit einer Übernachtung wird sie in verschiedenen Gemeinde- und Tagungshäusern und unterschiedlichen Kirchen der Region durchgeführt. Die Teilnehmenden schließen die Ausbildung mit einem Zertifikat der Ev.-Luth. Kirche in Bayern ab, dessen Grundlage eine 10-seitige Hausarbeit und eine in der Regionalgruppe durchgeführte und reflektierte Kirchenführung ist. Der besondere Charme dieser Ausbildungen, von denen von 2015-2017 bereits sechs Kurse in unterschiedlichen Regionen Frankens und Bayerns stattfanden oder aktuell laufen (Westmittelfranken 2x, Oberfranken, Markgrafenkirchen Bayreuth-Kulmbach und Umgebung, Oberpfalz, Oberbayern), liegt zweifellos in der Netzwerkbildung der Lernenden. Über den Gemeindehorizont hinaus lernen sie die Kirchen in der Region kennen, durch die im Kurs initiierten Regionalgruppen werden sie zu Lern- und Interessensgemeinschaften und können sich gegenseitig beraten und voneinander profitieren. So ist der Vereinzelung der Kirchenführenden in kleinen Orten und Dörfern gewehrt und viele entdecken: Es macht Spaß, miteinander zu lernen. Die Kirchenräume werden neu entdeckt als Schätze in der Region. Das ist deshalb von großer Bedeutung, weil man gerade in strukturschwachen Regionen häufig auf eine tief im Bewusstsein der Bevölkerung verankerte Bedeutungsnivellierung der eigenen Region trifft. Die Kirchenführer-Arbeit in dieser Konzeption bedeutet somit eine regionale Stärkung von Gebieten, die mit ihrem Angebot von geöffneten Kirchen und qualifizierten Kirchenführungen auch touristisch aufgewertet werden. Darin hat die Ausbildung eine strukturstärkende Bedeutung für Kirche und Bevölkerung in der Region und Kirchenräume erfüllen auch strukturell, was sie anbieten: Segensräume zu sein.

Andrea Felsenstein-Roßberg ist Referentin für Kirchenraum und Spiritualität am Gottesdienst-Institut Nürnberg.

Räume als Pädagogen und Erzieher

Gemeindepädagogische Perspektiven

Matthias Spenn

> *„Aus der Kulturgeschichte kennen wir unzählige Beispiele für die Beziehung zwischen Denken und einem bestimmten Ort. Orte wurden zu Denkräumen und eignen sich für Experimente. Aufgrund ihrer Lage und ihrer Gestalt regen sie Vorstellungen, Vertiefung, Verknüpfung und Bewegung an. Orte waren und sind wesentlich für den Vorgang der Erkenntnis. Um körperlich und geistig anwesend zu sein, sind gestaltete Orte und sinnlich erfahrbare (Zwischen-)Räume unerlässlich."*
> (Kegler 2009, 61)

Räume sind in der sozialen Arbeit, in der Sozial- und Gemeindepädagogik, der Kinder- und Jugendarbeit, der Erwachsenenbildung und anderen Formen außerschulischer Bildung seit jeher im Blick, wenn es um die Frage der Bedingungen geht, die Sozialisations- und Bildungsprozesse beeinflussen. Mit Räumen sind dabei nicht nur dreidimensional nach Länge/Breite/Höhe umbaute Behälter-Räume gemeint, sondern im weiteren Sinn durch Beziehung und Interaktion situativ inszenierte soziale Räume wie die Kommunikationsszene der Peergroup, die wie ein in sich geschlossener Raum ist, aber auch der öffentliche Raum, der Sozialraum, das Wohnumfeld, das vertiefte Zweiergespräch zwischen Tür und Angel oder der inszenierte Andachtskreis... Welche Bedeutung Räume für die Entwicklung von Kindern haben, ist vor allem in der Kindergartenpädagogik längst erkannt. So führte Loris Malaguzzi (1920-1994), der ‚Erfinder' der Reggio-Pädagogik, den Begriff des Raums als ‚dritter Erzieher' ein. Räume sollen als ‚dritte Erzieher' die Wahrnehmungs- und Ausdrucksfähigkeit der Kinder fördern und sie anregen, selbst aktiv zu werden. Der Kölner Erziehungswissenschaftler Gerd E. Schäfer bezeichnet den Raum sogar als ‚ersten Erzieher'. Nach seiner Auffassung hängt es primär von den Räumen ab, in denen Kinder leben, „ob die vom Kind ausgehende Aktivität, unabhängig von anderen Personen, ein lohnendes Ziel findet. Räume sind erste Erzieher, weil sie auch da sind, wenn Menschen nicht da sind, und konkrete Erfahrungen ermöglichen." (Schäfer 2006, 8) Räume sind nach Schäfer, auch nach Erkenntnissen der Hirnforschung und zum frühen Lernen für die Bildung der Sinne, die Strukturierung des Gehirns und im Blick auf die Komplexität von Erfahrungen wichtig. „Indem die konkret gegebene Umwelt (die Räume sowie die Dinge, die sich darin befinden) die ersten sinnlich-emotionalen Muster im Kind hervorruft, ist sie der erste Erzieher konkreten Denkens." (Schäfer 2006, 9)

In der Jugendsozialarbeit ist der sozialraumorientierte Ansatz seit den 1970er-Jahren etabliert (Gillich 2007; Deinet 1999) und in der außerschulischen, schulbezogenen Kinder- und Jugendbildung, wie sie etwa in Mecklenburg-Vorpommern mit den Tagen Ethischer Orientierung (TEO) oder durch Jugendbildungsstätten praktiziert wird, spielt das ‚Lernen am dritten Ort', in einem Bildungshaus oder Outdoor, bewusst außerhalb schulischer oder kirchlicher Räume, konzeptionell eine zentrale Rolle. Nicht zuletzt in der Schulpädagogik ist die Rolle des Raums ‚als dritter Pädagoge' mittlerweile zum bildungspolitischen Schlagwort geworden. Aber auch in der Soziologie, der (Human-)Geografie, der Geschichts- und den Kulturwissenschaften wurde die Hinwendung zur Raumthematik unter dem Label und der Agenda „spatial turn" längst eingeleitet (Döring/Thielmann 2008).

Aus pädagogischer Perspektive stellen Räume für das sich bildende Individuum Gelegenheit und Bedingung für individuelle Bildungsprozesse, die Begegnung und Aneignung von Welt, die Auseinandersetzung mit Wirklichkeit, die Konstruktion und Ko-Konstruktion von Wissen, Sinn und Gemeinschaft dar. Dabei existieren Räume immer in Relation zu den Menschen und Dingen, die sie nutzen, sich aneignen bzw. vorfinden. Martina Löw definiert Raum als „relationale (An)Ordnung von Lebewesen und sozialen Gütern". Nach Löw entstehen Räume dann, wenn diese „aktiv durch Menschen verknüpft werden" (Löw 2001: 158). Das bedeutet: Erst die Beziehung macht Räume zu Bildungsräumen. Und im Umkehrschluss bedeutet es: Jeder Raum, der von Menschen hergestellt und genutzt wird, hat Bildungsrelevanz und kann zum Bildungsraum werden – wie auch immer. Dabei ereignet sich das Handeln im Raum nach Löw in zwei Aktivitätsdimensionen: dem „Spacing" und als „Syntheseleistung". Spacing meint das Herstellen von Raum durch Platzieren von sozialen Gütern, Menschen und symbolischen Markierungen bzw. das Platzieren in Relation zu anderen Platzierungen. Mit anderen Worten: Ein Raum wird immer aktuell als sozialer Raum hergestellt bzw. geschaffen, indem die handelnden, ihn in Besitz nehmenden Personen sich selbst, ihre

> **»Der Raum ist nie etwas Feststehendes, sondern Ereignis und Ergebnis wechselseitiger Prozesse und somit dynamisch und veränderbar.«**

Mitmenschen und sozialen Güter, ihre Sinngehalte und symbolischen Markierungen „platzieren". Das geschieht immer wieder aktuell und auf neue Weise mit durchaus auch immer wieder neuem Ergebnis. Zum Spacing, dem Raum schaffen, gesellt sich nämlich die „Syntheseleistung" der Akteure, durch die es möglich wird, über Wahrnehmungs-, Vorstellungs-, oder Erinnerungsprozesse Güter und Menschen zu Räumen zusammen zu fassen. Weil jede Platzierung Orte hervorbringt und Orte Ziel und Resultat der Platzierung sind, können Orte als Ensemble soziale Güter in die Synthese einschreiben (vgl. Löw 2001: 158 ff.).

Der Raum ist somit nie etwas Feststehendes, sondern Ereignis und Ergebnis wechselseitiger Prozesse und somit dynamisch und veränderbar. Damit ist er aber auch nie neutral oder wertfrei, sondern ist Widerspiegelung von und Instrument für Verteilungsprinzipien – zwischen Gesellschaften und innerhalb der Gesellschaft. „In hierarchisch organisierten Kontexten sind dies zumeist ungleiche Verteilungen bzw. unterschiedliche Personengruppen begünstigende Verteilungen. Diese (An)Ordnungen haben Inklusions- und Exklusionseffekte. Räume sind daher oft Gegenstände sozialer Auseinandersetzungen. Verknüpfungsmöglichkeiten über Geld, Zeugnis, Rang oder Assoziation sind daher ausschlaggebend um (An) Ordnungen durchsetzen zu können, so wie umgekehrt die Verfügungsmöglichkeit über Räume zur Ressource werden kann." (Löw 2001, S. 218)

Der Raum als Pädagoge oder Erzieher teilt hier offenbar die Ambivalenz jeglicher pädagogischer Einflusspersonen: Sie kann konstruktive Anregungen geben und Potenziale zur Selbstentfaltung freisetzen, zugleich aber auch Entfaltungen einschränken und Lebensmöglichkeiten beschneiden oder gar verhindern. In einem Raum kann es unerträglich eng, schwül oder heiß sein, öde und destruktiv oder aggressiv, aber auch ganz anders: anregend, kommunikativ, beteiligungsfördernd, Interesse weckend ... Meist finden sich die Eigenschaften wie bei lebendigen pädagogischen Bezugspersonen sowohl als auch vor. In jedem Fall aber fällt ihm als Pädagoge eine zentrale Rolle zu.

Mindestens zwei weitere Dimensionen scheinen mir noch wichtig mit Blick auf den Raum als Pädagoge oder Erzieher:

Raum ist nicht nur *Bildungsort* in dem Sinn, dass seine Ausstattung mehr oder weniger initiierte, organisierte Bildungsprozesse ermöglichen soll und danach ausgestattet ist: der Schulraum mit Grundausstattung Tafel, Lehrertisch, Schultische und-stühle eben, alles andere ist Luxus. Raum ist in erster Linie auch und mindestens ebenso entscheidend *Lernwelt* mit seiner Atmosphäre, seinem Geruch, dem Licht, der Akustik, seiner zufällig scheinenden Ästhetik, den Barrieren des Zugangs, den eher beiläufigen, nicht bewusst intendierten symbolischen Markierungen...

Und der Raum ist hinsichtlich der Handlungs- oder Akteursebenen pädagogisch zu definieren als *Handlungsraum für den Einzelnen*, für die Interaktion in der *Gruppe* und zugleich auch als Raum mit Orientierung nach *Außen*, dessen Begrenzung bzw. Markierung und ‚Schutzwall' überstiegen, durchbrochen, auch wieder dekonstruiert werden können muss. Einen Raum macht ihn zu einem Raum, wenn es etwas außerhalb seiner selbst gibt, von dem er sich absondert, eingrenzt, schützt und zu dem er sich auch wieder öffnet, in welcher Weise auch immer. Das Außen wird eigentlich nur punktuell ausgegrenzt. Aber letztlich gehört das Außen mit zum Innen. Raum hat somit immer eine transzendente Dimension des vorfindliche Grenzen Übersteigenden. Auch dies ist eine genuin pädagogische Aufgabe: Dem Individuum und der Gruppe Schutzraum für Anregungen und Entfaltungsmöglichkeiten zu bieten, Interaktionen und gemeinsame Gruppenprozesse zu fördern und das pädagogische Handeln zugleich als etwas zu verstehen und zu gestalten, das zum Leben außerhalb dieses Raums befähigt.

Das alles trifft entscheidend auch auf gemeindepädagogische Praxis zu. Der umbaute kirchliche Raum wie die durch Interaktion hergestellte Gruppensituation auf dem Platz oder in der Wildnis – das Gemeindehaus, der Jugendkeller, der Kirchraum, das soziale Umfeld der Kirche oder des Pfarrhauses, die Aktionsform in sozialem Engagement oder theologisch-politischer Diskussion, die Runde am Lagerfeuer oder die Andacht beim Sonnenaufgang am Ufer des Sees ... – alle diese ‚Räume' sind Gegenstand und Ereignis des Spacing, der subjektiven bzw. individuellen Platzierung von Menschen, sozialen Gütern und Symbolen, die in der Syntheseleistung Wahrneh-

> **»Letztlich gehört das Außen mit zum Innen. Raum hat immer eine transzendente Dimension des vorfindliche Grenzen Übersteigenden.«**

mungs-, Vorstellungs- und Erinnerungsprozesse bewirken und ermöglichen und so neue soziale Güter schaffen.

Eine besondere Rolle spielen dabei natürlich ausdrücklich religiös konnotierte Räume. Religiöse Stätten, Orte und Räume wie Kirchen, Moscheen und Synagogen sind zum einen aus der Perspektive der Alltagswelt fremde oder ‚dritte Orte', zum anderen bieten sie eine nahezu unüberschaubare Vielfalt von Arrangements für (auch irritierende) Weltbegegnungen und Gelegenheit für aktive Aneignung und Auseinandersetzung mit sozialen Gütern, Sinngehalten und Symbolen. Sie widerspiegeln aber auch Verteilungsprinzipien hinsichtlich der Zugänge, Wahrheits- und Deutungshierarchien und individuellen Entfaltungs- sowie sozialen Teilhabemöglichkeiten.

Viele gemeindepädagogische Praktiker/-innen wissen um die pädagogische Bedeutung von Räumen. Sie verwenden große Sorgfalt auf Raumgestaltung, auf Atmosphären und anregungsreiche auch religiös konnotierte Lernumgebungen. Dabei ist es sicher hilfreich, sich der folgenden, oben beschriebenen pädagogischen Kriterien zu vergewissern, quasi als Checkliste:

Welche *Hierarchien und Verteilungsprinzipen* vermittle ich bewusst oder unbewusst mit meinem Raumkonzept?

Wie kommen zugleich der bzw. *die Einzelne und die Gruppe* auf ihre Kosten? Und inwiefern gehört das *Außen* zum *Innen*, wird der geschützte Raum also nicht zum Selbstzweck, sondern zum Zweck der Befähigung zur Zuwendung zur Welt?

In welchem Verhältnis stehen die informellen Raumeigenschaften wie Atmosphäre, Geruch, Ästhetik, Zugang … (*Raum als Lernwelt*) zu den intendierten Bildungsinhalten (*Raum als Bildungsort*)?

Und zuletzt eine der entscheidenden Fragen: Wie werden gemeindepädagogische Räume denen zugänglich gemacht, die sie bisher als unzugänglich und barrierehaft erleben? Wie wird der gemeindepädagogische Raum auch denen zum Erzieher oder Pädagogen, an die wir durch das Evangelium zuerst gewiesen sind – den Mühseligen, Beladenen und den Kindern?

Literatur

Deinet, Ulrich (1999): Sozialräumliche Jugendarbeit. Eine praxisbezogene Anleitung zur Konzeptentwicklung in der offenen Kinderund Jugendarbeit. Opladen.

Döring, Jörg; Thielmann, Tristan (Hg.) (2008): Spatial Turn. Das Raumparadigma in den Kultur- und Sozialwissenschaften. Bielefeld

Stefan Gillich (2007): Sozialraumorientierung. In: Matthias Spenn; Doris Beneke; Frieder Harz; Friedrich Schweitzer (Hg.): Handbuch Arbeit mit Kindern. Evangelische Perspektiven, Gütersloh, S. 341–346.

Kegler, Ulrike (2009): In Zukunft lernen wir anders. Wenn die Schule schön wird, Weinheim und Basel: Beltz.

Löw, Martina (2001). Soziologie des Raumes. Frankfurt a.M.: Suhrkamp.

Schäfer, Gerd E. (2006): Der Raum als erster Erzieher. Konkrete Erfahrungen sind Voraussetzungen für symbolisches Denken, in: Praxis Gemeindepädagogik 3/2006, 8–10.

Spenn, Matthias (2010): Bildungsräume – Entwurf eines Koordinatensystems für Bildungsräume im gemeindepädagogischen Bildungshandeln. In: ZPT 1-2010, 62. Jg., Thema: BildungsRäume, 4–13.

Zeitschrift Praxis Gemeindepädagogik, PGP 2/2006; PGP 3/2006, Themenhefte „Raum und Räume“

Matthias Spenn, Pfarrer, ist Direktor des Amts für kirchliche Dienste in der Evangelischen Kirche Berlin-Brandenburg-schlesische Oberlausitz und Schriftleiter der Zeitschrift „Praxis Gemeindepädagogik“.

ZURÜCKGEBLÄTTERT ZUM THEMA DIESES HEFTES

in: Die Christenlehre 34/1981, U143 f.

RAUMGESTALTUNG

Ziel der Raumgestaltung: Wir versuchen unter den gegebenen Möglichkeiten der Raumgestaltung zu erreichen, daß die Kinder sich wohlfühlen, ein Gefühl der Geborgenheit entsteht, sie fröhlich gestimmt werden, ihr Geschmack gebildet wird, sie Informationen über die kreativen Tätigkeiten anderer Kindergruppen erhalten (und) günstige Voraussetzungen für die Verwendung von technischen Hilfsmitteln geschaffen werden.

Denn die Menschen unserer Zeit reagieren stark auf optische Reize; denn Emotionen, Empfindungen und Einstellungen entstehen nicht nur durch akustische, sondern auch durch visuelle Vorgänge. Nicht nur unsere Worte und Taten, auch unsere Räumlichkeiten sollen zeigen: Wir verkündigen das Evangelium, die FROHE Botschaft …

Wenn es der Platz und die Gegebenheiten erlauben, so ist zu empfehlen, für vorhandene freie Zeit vor bzw. nach den Stunden Bücher und Spiele zur freien Verfügung bereitzuhalten und gegebenenfalls Bücher- und Spielecken einzurichten. Tische und Stühle sollen nach Möglichkeit nicht zu schwer sein, damit das Auf- und Umräumen nicht zu kraft- und zeitaufwendig ist.

Lieselotte Wächtler

Martin Luther mit dem Zollstock Erzählt und Vermessen

Ulrich Walter

1

Vor mehr als 500 Jahren – **5 × 100 Jahren** – wird im kleinen Städtchen Eisleben in Thüringen ein Junge geboren. Seine Eltern brachten ihn am nächsten Morgen zur Taufe, und sie nannten ihn Martin, nach dem Heiligen des Tages.

Zollstock ausfalten und 5x drehen

2

So beginnt am 10. November 1483 das Leben des **Martin Luther**. Sein Vater, Hans Luther, war Bergmann und besaß eine Kupfermine bei Mansfeld. Dorthin zog er bald mit der Familie …

Streng waren die Eltern des kleinen Martin,

zum M und L falten
Den unteren Balken des L doppelt!

3

… streng war das, was die Menschen sich damals von **Gott** erzählten. Ein harter strenger Richter war dieser **Gott**, der alles sah und der jeden Fehler erbarmungslos bestrafte. Wie sollte man vor diesem **Gott** bestehen?

je 3 Abschnitte, einmal einfalten

4

Martin Luther 7 Jahre alt … Schule … Unterricht sehr streng … Kinder werden hart **geschlagen** … Angst, etwas falsch zu machen …

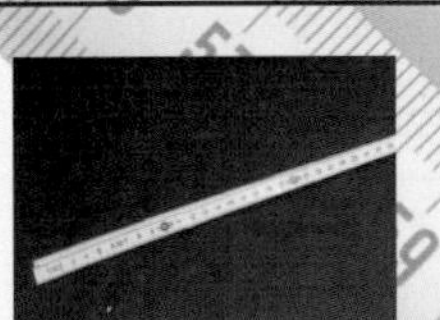

5

… und doch, zur **Schule** gehen etwas Besonderes … nur wenige Menschen konnten lesen und schreiben lernen … alle wichtigen Dinge in lateinischer Sprache … Martin lernt Rechnen, Schreiben, Lesen und Latein … erst in Mansfeld auf der Volksschule, …

(Schule – Gymnasium – Uni:
Das Haus bei 5 bis 7 jeweils etwas vergrößern)

6

…. später auf den **Gymnasien** in Magdeburg und in Eisenach. …

7

… dann ab 1501 Studium an der **Universität** in Erfurt…

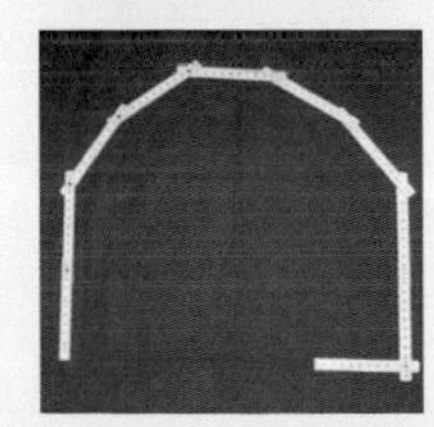

8

Aber dann kam alles anders … auf dem Weg von seinen Eltern zur Uni nach Erfurt …
schweres **Gewitter** … große Angst … Martin betete in seiner Not …
„Wenn ich hier überlebe, werde ich Mönch!" … das **Gewitter** zog weiter …

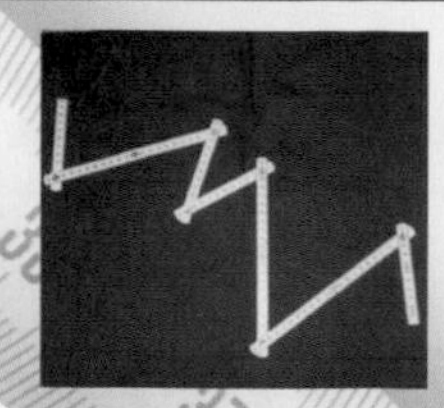

9

… niemand wollte das verstehen, aber Martin wurde Mönch im **Augustinerkloster** in Erfurt. … studierte Theologie … wurde zum Priester geweiht.
An jedem Tag las er in der Bibel in lateinischer Sprache. …

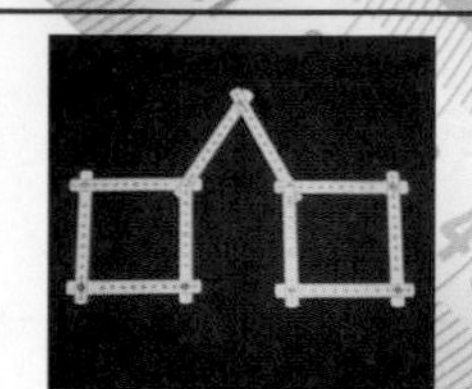

Den Blitz in der Mitte falten, dann links und rechts die beiden Quadrate von außen nach innen weiterfalten

10

Er wollte wissen: „Was kann ich tun? Wie kann ich darauf vertrauen, dass Gott auch mich lieb hat?" … ist es mit Gott wie bei einer **Waage**? … auf der einen Seite die Sünden und Fehler, auf der anderen Seite die guten Taten und Werke? … auch Luther ... Gott ist wie ein strenger Richter. Er rechnet dir jeden Fehler an!
… Angst vor diesem Gott… Ich kann machen, was ich will, ich schaffe es nicht. Ich bin zu schwach! Ich schaffe es nicht, ohne Sünden zu leben. Wenn ich doch nur wüsste, wie ich an Gott glauben soll, damit ich keine Angst mehr haben muss!
… viele Menschen sagten, die Strafe für die Sünde ist das Fegefeuer in der Hölle.
… im Oktober 1512 Doktor der Theologie in Wittenberg .
… Was kann ich nur tun, damit Gott mich lieb hat?

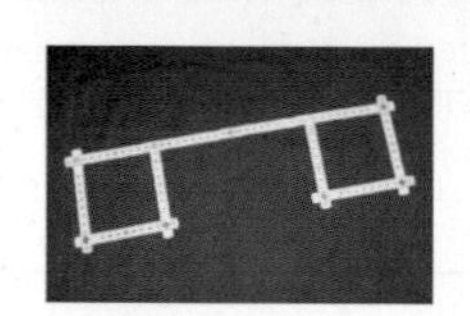

Das Dach in der Mitte auseinanderziehen

11

Eines Tages las er in einem Brief. Der Apostel Paulus hat ihn an die Gemeinde in Rom geschrieben. … diese Stelle schon oft gelesen … an diesem Tag war es anders ... Luther hat später gesagt: Gott selbst hat mir die Augen geöffnet! … ein wunderbares Geschenk … jetzt kann ich verstehen, was das heißt: Ich glaube an Gott, den Vater von Jesus Christus."
Die Bibelstelle, die er schon so oft gelesen hat, lautet: Jesus hat eine **gute Botschaft** für alle Menschen … das Evangelium: Gott hat dich lieb! Das bedeutet: Gott schenkt seine Gerechtigkeit allen, die an ihn glauben. Martin Luther spürt: Endlich! Hier ist die Antwort auf meine Frage: Was kann ich tun, damit Gott mich lieb hat? Endlich kann ich verstehen, was Gott möchte! Er lädt mich ein. Komm zu mir, einfach so, wie du bist, hab Vertrauen! Und dann schenkt er mir seine Liebe.

Stern bauen
unten Mitte offen

(von links beginnen,
zunächst fünf Zacken falten,
dann den Stern entwickeln)

Das nächste Bild vorbereiten

12

Mit seiner neuen Erkenntnis ging Martin Luther auf Entdeckungstour in der Bibel … fand überall gute Worte von Gott … las die Bibel mit neuen Augen: Gott ist für alle Menschen da. Er hat sie alle lieb, es sind alle seine geliebten Kinder. Das ist das **Evangelium** – die gute Botschaft von Gottes Liebe.

vom linken offenen Ende her spiegel-verkehrt das E (Mittelbalken gedoppelt!) und dann das V falten, dann 180 Grad in Leserichtung drehen

13

Aber nur wenige wussten von der wunderbaren Entdeckung: Gott will den Menschen seine Liebe schenken! … immer noch Angst vor den Strafen Gottes und der Hölle. … Mönche zogen über das Land … „Ihr könnt eure Strafzeit im Fegefeuer verkürzen. Kauft euch Ablassbriefe, direkt vom Papst aus Rom." Einer von ihnen, Johannes Tetzel, kam nach Wittenberg. Luther hörte, wie Tetzel sagte: „Sobald das Geld im **Kasten** klingt, die Seele aus dem Feuer in den Himmel springt!" Viele wollten sich in ihrer Angst vom Feuer des Gerichtes frei kaufen … Tetzel sammelte das Geld für den Bau der Peterskirche in Rom …

Das V einklappen

14

Martin ärgerte sich. Nein, das kann nicht sein! Gottes Liebe ist doch ein Geschenk, die kann man doch nicht kaufen!
In seiner Entrüstung schrieb er viele Sätze **gegen den Ablasshandel**.

15

Er schrieb: Keiner kann sich Gottes Gnade mit Geld kaufen.
Gott will uns seine Liebe schenken. Das ist die Wahrheit, und sie findet sich in der Bibel. Das **Evangelium**, die gute Botschaft von der Liebe Gottes, ist der wahre Schatz der Kirche. Der Glaube an Christus allein genügt … … 95 Thesen … viele wollten das hören … **Erfindung des Buchdrucks** … seine Gedanken verbreiteten sich …viele fanden gut, was Luther schrieb … auch einflussreiche Fürsten … Martin Luther wird Theologieprofessor in Wittenberg. … schrieb weiter und klagte die Missstände in seiner Kirche an … Kritik am Papst… Der war verärgert … schrieb Brief an Luther … ‚Wenn du, Luther, deine Meinung nicht zurücknimmst, dann schließe ich dich aus der Kirche aus, dann bist du ohne Rechte, und jeder darf dich ungestraft töten.' Aber Luther verbrannte den Brief. …

Im Jahr 1521 Martin Luther beim Reichstag in Worms. … sollte widerrufen … vor dem Kaiser und allen deutschen Fürsten… Martin Luther hatte keine Angst. ‚Alles, was ich sage, steht doch in der Bibel! Ich kann nichts von meiner Entdeckung zurücknehmen. Es sei denn: Ihr könnt mir mit den Worten der Bibel zeigen, dass ich Unrecht habe!' … Streit … Luther stellte sich offen gegen den Willen des Kaisers und des Papstes. … aus der Kirche ausgeschlossen … in großer Gefahr … auf dem Rückweg von Worms gefangen genommen …

V ausklappen

und

beim Stichwort „Buchdruck" mehrmals drehen

(aus der Sicht der Zuschauenden Auf Leserichtung achten!)

16

... aber: die Rettung! … Kurfürst Friedrich der Weise von Sachsen … auf Luthers Seite. …Schutz auf der **Wartburg** in Eisenach …

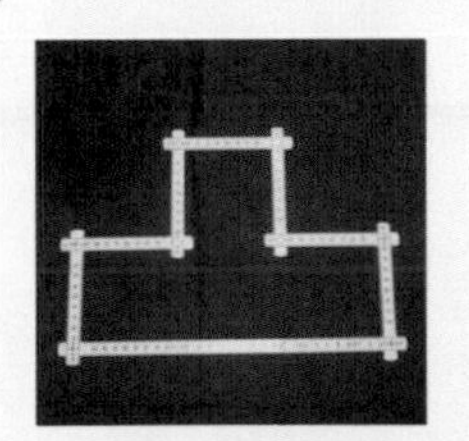

Mit dem äußeren Balken des „V" unten beginnend die Burg bauen.

17

Auf der Wartburg … Martin als ‚Junker Jörg'.
… Zeit zum Bücherschreiben und zum Lesen in der Bibel. … Idee: Alle sollen das Evangelium von Gottes Liebe verstehen, alle Menschen in Deutschland sollen die gute Nachricht von Jesus Christus in ihrer Muttersprache hören und lesen können.

In 11 Wochen **übersetzte er das ganze Neue Testament** in die deutsche Sprache.
… Luther wurde überall bekannt…

Die Burg 90 Grad nach rechts drehen und zur Bibel falten

18

1522 Rückkehr nach Wittenberg … Das Neue Testament, von Luther in die deutsche Sprache übersetzt, wurde gedruckt …
Am Sonntag **Gottesdienste in deutscher Sprache**, nicht mehr lateinisch …
Abendmahl mit Brot und Wein für alle…
Jesus Christus ist in unsrer Mitte, mit seinem Wort und Mahl befreit er uns zum Leben miteinander, ohne Angst … Schmecket und sehet! Der Glaube an Jesus Christus ist etwas für Leib und Seele … Gottes Wort wie das tägliche Brot … viele Lieder in deutscher Sprache. ‚Ein feste Burg ist unser Gott' … und zu Weihnachten: ‚Vom Himmel hoch, da komm ich her'. …

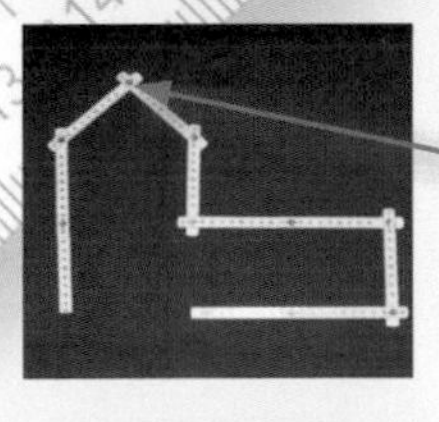

19

In Wittenberg lernte Martin Luther die Ordensfrau **Katharina von Bora** kennen, 1525 heiratete er sie ... drei Mädchen und drei Jungen in den nächsten Jahren geboren .

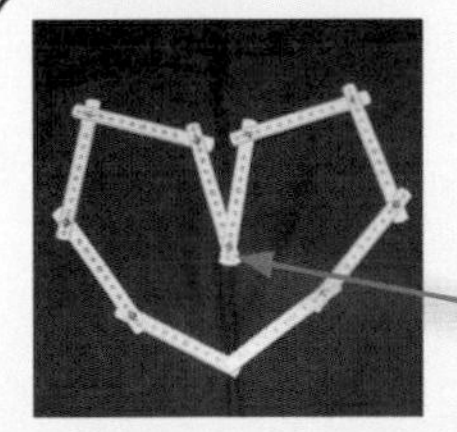

Vom Pfeil aus das Herz falten

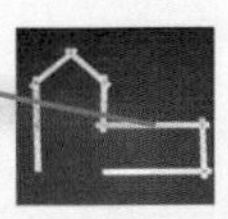

20

Mit einigen befreundeten Gelehrten übersetzte Martin Luther in Wittenberg auch den ersten Teil der Bibel.
1534 war es dann geschafft ... **die ganze Bibel in Deutsch** ... wurde gedruckt ... viele, viele Menschen konnten nun die Bibel in ihrer Muttersprache selbst lesen oder hören und verstehen ... Luther und Melanchthon: Alle Menschen sollen zur Schule gehen, damit sie das Evangelium von Jesus Christus selber lesen und verstehen können. ....
Grund des Glaubens an Jesus Christus ist allein die Schrift.

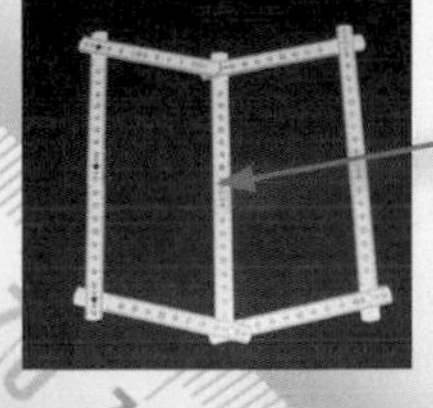

Das Herz 90 Grad nach rechts drehen. Diese beiden Stücke werden zum Mittelteil des Buches, von dort aus das Buch fertig falten

21

Martin Luther war nun überall bekannt.
Am 18. Februar 1546 starb er in Eisleben, dort, wo er geboren wurde.
Mit ihm hat eine neue Bewegung begonnen.
Immer mehr Kirchengemeinden entschieden sich für die neue Lehre von Martin Luther.
Sie wandten sich von den Bischöfen und dem Papst in Rom ab.
Martin Luther hat damit zur Erneuerung der Kirche beigetragen, das bedeutet das Wort Reformation. Und aus dieser Bewegung zusammen mit vielen anderen Reformatoren entstanden die **evangelischen Kirchen**.

vom linken offenen Ende her spiegelverkehrt das E und dann das V falten, dann in Leserichtung drehen

Mitte-Bild von Gabriele Wehr. (Anfragen zu Aussstellungen: g.wehr@yahoo.de)

... kein Raum in der HERBERGE

Gott, berge du mich
Umringt von Bergen
ringe ich mit mir
Der Heimat nahe
im Angesicht meiner Mutter
Entlassen ins Offene
Offenes Meer brandet
durch meine Seele
an Ufern der Weltenheimat
Heimatlos hinausgeworfen
im Herzschlag der Zeit
Zuflucht finden
‚Dein Wort ist meines Fußes Leuchte
und ein Licht auf meinem Wege'

Das Wort, das Erschaffende
aus dem Nichts
HERZSCHLAG
Herberge des Herzens
Wärmendes Umfangen
Umfang des Herzraumes
Raumgewinn inwendig
HEIMAT
OhnMacht

Die Taube
schwingt sich
gen Himmel.

Gedanken-Meditation zu Lukas 2,7

Gabriele Wehr ist Dipl. Kunst- und Familientherapeutin und Malerin. Sie betreut Einzelklienten und bietet kreative Projektarbeit für Kinder und Erwachsene an.

Brigitte Zeeh-Silva ist Religionspädagogin, Künstlerin und Schulbuchautorin. Den Schwerpunkt ihres künstlerischen Schaffens bilden derzeit Modelle für Räume der Kontemplation.

Generationenprojekt Leporello-Bibel

Thomas Doyé

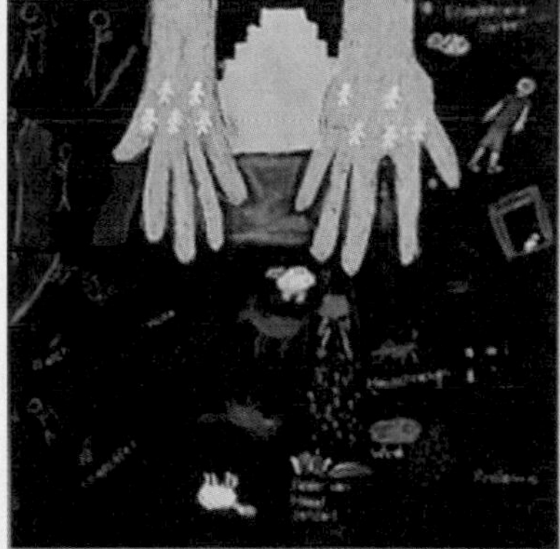

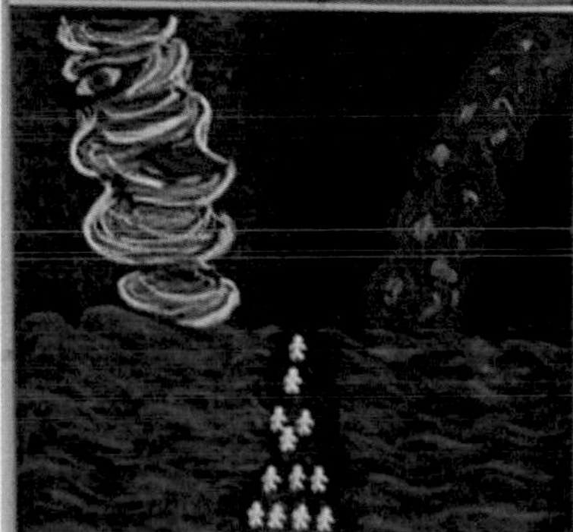

Mit diesem Projekt wurden Jugendliche und die *Jungen Alten* zwischen 60 und 70 Jahren miteinander ins Gespräch gebracht. Interessant ist, dass sich dafür nur Frauen begeistern ließen. Mittel für das Gespräch waren biblische Geschichten, die den Älteren in ihrem Leben wichtig geworden sind. So konnten die Jugendlichen erfahren, wie biblische Geschichten ein Leben prägen oder eine Bedeutung gewinnen können. Dafür war es wichtig, dass die Seniorinnen sich dieser Geschichten und ihres Einflusses auf ihr Leben bewusst wurden. Im Gespräch miteinander sollten diese Erfahrungen erzählt und befragt werden. Hieraus wurde das zweite Ziel bedient, nämlich die Aufarbeitung und Umsetzung in eine künstlerische Arbeit mit dem Endprodukt *Leporello-Bibel*, bestehend aus mehreren Leporellos zu je einer Geschichte. Es sollten nicht nur die biblischen Geschichten, sondern auch die persönlichen Erfahrungen mit einfließen.

Methoden und Medien

Generationengespräch: Für den ersten Teil des Projektes war der Austausch prägend. Die Jugendlichen und je eine Seniorin fanden sich zu Gruppen zusammen. Das Gespräch wurde von einem Mitarbeiter angeleitet. Dafür gab es eine Vorlage zur Unterstützung. Die Seniorin brachte ihre biblischen Geschichte ein und erzählte, warum diese für ihr Leben so besonders ist. Die Jugendlichen fragten nach und konnten auch eigene Aspekte einbringen. So sollte ein Gedankenaustausch darüber entstehen, wie biblische Geschichten in unserem Leben wirken können.

Entwickeln einer Skizze für das Leporello: Mit diesem Wissen aus dem Gespräch wurde der erste künstlerische Schritt getan. Vorgabe waren 5 Teile zum Leporello, je 40x40 cm groß, auf denen die Geschichte dargestellt werden sollte – angereichert mit Lebenserfahrungen der Seniorinnen. Dafür standen Skizzenblätter und Bleistifte zur Verfügung. Es sollte ein gemeinsamer Entwurf aller Gesprächsteilnehmer sein. Dieser Entwurf war wichtig, um alle den Beteiligten wichtigen Aspekte aufzunehmen und damit die eigentliche Arbeit zielführend und konzentriert stattfinden zu lassen, da der zeitliche Rahmen begrenzt war.

Künstlerische Arbeit am Leporello: Der zweite Teil widmete sich der künstlerischen Gestaltung. Eine erfahrene Künstlerin in Sachen Grafik und Gestaltung stellte Gestaltungsmöglichkeiten vor sowie das Material bereit. Die Gruppen entschieden, wie sie ihr Leporello gestalten wollten. Die Jugendlichen setzten ihre Ideen um, oft begleitet von *ihrer* Seniorin (was diesen freigestellt war). Dass es Leporellos werden sollen, wurde ganz am Anfang in einer Ideenrunde unter den Initiatoren festgelegt. Einerseits kann man darin eine Einengung sehen, andererseits ist mit der Vorgabe eine Klarheit gegeben. Dies braucht es auch, wenn am Ende etwas Einheitliches entstehen soll. Die Form der Leporellos, senkrecht angeordnet mit je 5 Quadraten in der Größe 40×40 cm, erschien uns als etwas Besonderes, was auch für Ausstellungen interessant ist. Und zusammengelegt können sie gut in einem Holzschober aufbewahrt werden.

Projekttag

An diesem Tag fanden 3 Seniorinnen den Mut, sich auf dieses Projekt einzulassen. 3 weitere, die an diesem Tag keine Zeit hatten, konnten in einem Nachfolgeprojekt mitwirken. Dazu meldeten sich 10 Jugendliche an.

Vorbereitung

Bibelgeschichten: Im Vorfeld musste mit den Seniorinnen abgeklärt werden, welche Geschichte sie einbringen wollten.

Da kein Text mehrfach genannt wurde, konnte jede ihren eigenen einbringen. In unserem Fall waren das *Auszug aus Ägypten*, *Psalm 23* und das *Vater unser*.

Raum: In der Kapelle unseres Gemeindezentrums Helbersdorf wurde ein Stuhlkreis gestellt. Dazu drei große Tische für die Kreativarbeit der Gruppen sowie Tische für die Materialien.

Gruppenräume: Für den ersten Teil wurden andere Räume vorbereitet, damit die drei Gruppen gut miteinander reden und arbeiten konnten. Die Bibeltexte lagen ausgedruckt bereit (für den *Auszug aus Ägypten* eine Kinderbibel), eine Kerze, Skizzenblätter und Bleistifte.

Gruppenleiter: Sie wurden kurz eingewiesen in die vorgedachten Abläufe, dafür gab es einen kleinen Leitfaden mit Impulsen. Da es erfahrene Gesprächsleiter waren, war diese Form ausreichend. Neben mir waren das noch zwei ehrenamtlich Engagierte.

Essen und Getränke: Hier halfen Eltern und Mitglieder unseres Vereins. Sie bereiteten das Mittagessen und stellten den ganzen Tag Getränke bereit.

Projektdurchführung

Nach einem gemeinsamen Beginn und der konkreten Vorstellung des Projektes sowie des Ablaufes wurden die Senioren mit ihren biblischen Geschichten vorgestellt. Die Jugendlichen fanden sich schnell in drei Gruppen zu den Seniorinnen. In den Gruppen wurde den Vorgaben entsprechend gearbeitet. Es gab intensive Gespräche über die Bibeltexte und die Lebenserfahrungen der Seniorinnen mit diesen Texten. Die hierfür eingeplante Zeit von 45 Minuten hat nicht ganz gereicht. Ich war mir anfangs auch nicht sicher, ob die Jugendlichen mit ihren Gedanken zu schnell bei der künstlerischen Umsetzung waren und somit die Lebenserfahrung etwa in den Hintergrund geriet. Eine Befragung eine Woche später hat ergeben, dass doch einiges bei den Jugendlichen angekommen ist und diese Besorgnis unbegründet war. Drei Beispiele sollen das verdeutlichen. Ch.: „Mir ist hängen geblieben: Wer bittet, dem wird Gutes getan." Th.: „Ich habe die Interpretation von Frau K. sehr genossen. Ihre Aussage war: Gott führt mich." A.: „Außerdem habe ich mir behalten, dass es auch manchmal Sprüche oder Verse im Leben gibt, die einen schon fast ein bisschen nerven. Später können einem aber eben diese Sprüche total viel bedeuten."

Den Seniorinnen war freigestellt, wie lange sie an dem Tag dabei bleiben wollten. Alle drei sind bis nach dem Mittagessen geblieben und haben so mindestens den Beginn der künstlerischen Arbeit an den Leporellos miterlebt. Einer Einführung durch die Künstlerin in Techniken und Materialien folgte noch vor dem Mittag die Übertragung der Ideen auf die großen Blätter. Auch das geschah relativ schnell und gut, auch dank der Anleitung der Künstlerin, die in ihrer Arbeit auch viel mit Kindern zu tun hat. So entstanden bis zum Nachmittag drei sehr unterschiedliche, aussagekräftige Leporellos. Die dargestellten biblischen Geschichten enthielten durch den Prozess persönliche Noten. Auch hier ein paar Aussagen der Jugendlichen: T.: „Sie hat uns gesagt, dass sie in ihrem Leben von Gott geführt wurde. Diesen Gedanken haben wir mit den verschiedenen Körperteilen Gottes, die in jedem Bild vorkommen, symbolisiert." A.: „Wir haben diese Gedanken mit aufgenommen, indem wir in jedem Bild einen Regenbogen hatten, der, selbst als wenn alles verloren zu sein scheint, immer noch irgendwie Hoffnung ausstrahlt, besonders bei dem finsteren Tal. Frau S. hat ja auch erzählt, dass sie eine Weile lang im Allgäu gewohnt hat."

Am Ende des Tages wurde jede Gruppe mit ihrer Geschichte fotografiert. Höhepunkt waren ganz klar die Gespräche am Anfang des Tages in den Gruppen. Das legt die im Nachgang erfolgte Befragung sowohl bei den Jugendlichen als auch bei den Seniorinnen dar. Th.: „Ich fand den Tag sehr interessant. Es ist schön zu wissen, dass biblische Geschichten im Leben helfen können." J.: „Ich fand den Tag mit Frau S. schön. Ich habe viel daraus gelernt." L.: „Besonders in Erinnerung ist mir geblieben, dass Frau K. für alle zehn Plagen eine Erklärung hatte. Das fand ich sehr beeindruckend." Frau K.: „Ich hatte nicht erwartet, dass die Jugendlichen gleich so kenntnisreich an die Bibelarbeit gehen würden. Es hat mir gefallen, dass sie diese gekonnt zu Papier gebracht haben." Frau B.: „Der rote Faden ist von den Jugendlichen gut umgesetzt und festgehalten worden."

Nachbereitungen

Im Nachgang wurden Befragungen der Jugendlichen bzw. der Seniorinnen zum Projekt gemacht. Die Seniorinnen bekamen ein Bild mit *ihrer* Geschichte und den Jugendlichen, die diese ins Bild setzten. Alle Leporellos wurden gebunden und haben in einem Schober einen guten Aufbewahrungsort gefunden. Im März 2017 wurden alle Leporellos in unserer Kirche ausgestellt. Dafür sind alle Beteiligten persönlich eingeladen worden.

Thomas Doyé ist Religionspädagoge an der Evangelisch-Lutherischen Dietrich-Bonhoeffer-Kirchgemeinde in Chemnitz.

Licht in verschwenderischer Fülle und Weihrauch am Abend von Epiphanias

Matthias Wünsche

Epiphanias ist eines der kirchlichen Feste, das in den evangelischen Kirchengemeinden gefühlt eher weniger gefeiert wird. Das mag damit zu tun haben, dass es häufig mitten in der Woche liegt, kann aber auch daran liegen, dass eine gewisse Unsicherheit dem Kasus gegenüber herrscht. Das Gottesdienstbuch gibt in seinen Erläuterungen zum Proprium de tempore der Feiertage erste Hinweise und stellt zunächst das Lichtmotiv und den Stern in den Mittelpunkt. In der Beschreibung der Herkunft dieses Festes kommen noch die Taufe Jesu (im Osten) und die Anbetung der Weisen (im Westen) hinzu. Letztere bestimmt dann auch seit alters her das Proprium des Epiphaniasfestes. Nimmt man die alttestamentliche Lesung aus Jesaja 60,1-6 hinzu, in der es heißt: „Mache dich auf, werde Licht, denn dein Licht kommt ...", dann schälen sich zwei umsetzbare Motive für die Feier des Gottesdienstes heraus: Licht – in verschwenderischer Fülle – und Weihrauch als eine der Huldigungsgaben der Weisen an das Kind.

Seit vielen Jahren feiern wir in der Offenen Kirche St. Nikolai in Kiel am Abend des Epiphaniasfestes den stimmungsvollen Gottesdienst „St. Nikolai im Kerzenschein". Dieser Gottesdienst wird ökumenisch wahr- und angenommen. Er ist ein Angebot an die Stadt und die Ökumene, gemeinsam zu feiern. Jahr für Jahr kommen zwischen 180 und 220 Besucherinnen und Besucher zu diesem Gottesdienst. Der Kirchenraum ist mit einer höchstmöglichen Anzahl von Teelichtern in roten oder gelben Hüllen *verschwenderisch* erhellt. Besondere Orte – Altar, Kanzel, Taufbecken, Emporen und Stufen – werden auch miteinbezogen und *ins Licht gerückt*. Es brennt absolut kein elektrisches Licht – einzige Ausnahme, je nach Größe der Kirche, ist die eventuell vorhandene Ausleuchtung des Altars. Die Christbäume spenden auch noch Kerzenlicht. Im Mittelgang steht ein kleiner Tisch mit einer Schale Weihrauch. Vor der Krippe auf der Höhe der Figur des Kindes wird das Weihrauchbecken platziert, in dem ca. eine halbe Stunde vor dem Beginn des Gottesdienstes etliche Kohletabletten (min. 8-10 Stück) entzündet werden. Etwas abseits der Krippe steht die Osterkerze. Die Gottesdienstbesucher bekommen am Eingang eine Vigilkerze, die zu einem späteren Zeitpunkt entzündet wird.

Der Gottesdienst hat einen agendarischen Aufbau. Das Tagesevangelium des Epiphaniasfestes wird an einer Stelle ins Bild gesetzt: die Weisen/Magier des Ostens bringen als Huldigungsgeschenk neben Gold und Myrrhe auch Weihrauch.

Gemäß Psalm 141,2 wird am liturgischen Ort der Fürbitte die Gemeinde eingeladen zu tun, was der Psalmist erbittet: ihre Gebete gen Himmel steigen zu lassen. Anstelle der stellvertretend gesprochenen Fürbitte wird den Gästen des Gottesdienstes die Möglichkeit eröffnet, ihre eigenen Gebete, Bitten und Danksagungen mit dem Ablegen einiger Weihrauchkörner in eine Glutschale *aufsteigen* zu lassen. Wer möchte, kommt mit der Vigilkerze in der Hand über den Mittelgang nach vorne zur Schale mit dem Weihrauch. Man nimmt sich einige Weihrauchkörner und tritt dann an das Kohlebecken vor der Krippe, um im Stillen die eigene Bitte oder den Dank mit den Körnern im Kohlebecken abzulegen. Im Anschluss daran entzündet der Liturg die Vigilkerze an der Osterkerze. Verbunden mit den Worten „Denn dein Licht kommt" oder „Friede sei mit Dir" wird die Kerze dann wieder an den Betenden zurückgegeben. Während des Weihrauchrituals erklingt meditative Musik von der Orgel.

➜

Wir in St. Nikolai haben eine Choralschola, ein kleines Ensemble, das die gregorianischen Gesänge pflegt. Die Choralschola St. Nikolai begleitet diesen Epiphaniasgottesdienst mit den dazugehörigen Gesängen und gibt ihm dadurch auch eine besondere Note. Das Graduale der gregorianischen Tradition rückt gerade den Weihrauch in den rechten Gebrauch: „Wie ein Rauchopfer steige mein Gebet vor dir auf, Herr. Nimm es als Abendopfer an, wenn ich meine Hände erhebe." Es ist natürlich von Vorteil, wenn in der Kirchengemeinde eine Choralschola vorhanden ist. Es kann sich aber auch eine kleine Gruppe eines Chores der Herausforderung der Gregorianik stellen. Aber auch eine andere musikalische Rahmung ist für den „Gottesdienst im Kerzenschein" denkbar.

In diesem Gottesdienst ist Jahr für Jahr eine besonders dichte Atmosphäre zu spüren, die etliche Gäste dazu *verführt*, noch einige Zeit im Kirchraum zu verweilen – und im nächsten Jahr wiederzukommen!

Dr. Matthias Wünsche ist Pastor an der Offenen Kirche St. Nikolai in Kiel.

Christenlehre als „Andersort“

Gerhard Büttner

Was ist eigentlich Christenlehre, oder: Warum gibt es sie (noch immer) und was macht sie so einzigartig und beständig. Fragt man nach den Charakteristika von Christenlehre, so wird man eine zeitbezogene Aussage erhalten und eine ortsbezogene. Das Idealbild des hier zu behandelnden Gegenstandes hat sich in der Nachkriegszeit herausgebildet als kirchliche Antwort auf das zunehmende Herausdrängen des Religionsunterrichts aus der Schule. Dabei konnte man auf Erfahrungen der Bekennenden Kirche zurückgreifen, die in der NS-Zeit schon ähnliche Anstrengungen unternommen hatte. Das so gewonnene Selbstbild wurde durch die Wiedereinführung des Religionsunterrichts in den Ländern infrage gestellt. Regional bezieht sich diese Entwicklung auf alle Neuen Bundesländer – wobei in Berlin und Brandenburg wieder etwas andere Bedingungen herrschen. Die zweite wichtige Angabe zur Ortsbezogenheit betrifft nun die Veranstaltungen im engeren Sinne: es sind in der Regel kirchliche Räume wie Kirche, Gemeindehaus oder Pfarrhaus. Hier liegt z.B. ein wichtiger Unterscheidungspunkt zum RU in der EKBO, der zwar kirchlich verantwortet wird, aber in Räumen der Schule stattfindet.

Bei der Selbstdarstellung der Christenlehre scheint mir dieser Aspekt der Räumlichkeit eher weniger bedacht. Ausgehend von einer eigenen kleinen Studie zu „Religionsräumen“ in der öffentlichen Schule meine ich, dass es sich lohnt, diesen Aspekt genauer zu beleuchteten. Ganz offenbar spielt es doch eine Rolle, an welchem Ort eine Interaktion stattfindet, weil zumindest implizite Erwartungen durch den „Rahmen“ erzeugt werden. Dies gilt umso mehr, als in den Regionen der ehemaligen DDR die kirchlichen Gebäude ja nicht mit derselben Selbstverständlichkeit zur zivilen Gemeinde gehören, wie dies in vielen westlichen Regionen noch der Fall ist. Wer also ein solches Gebäude betritt, um an der Christenlehre teilzunehmen, der überschreitet dabei eine *Schwelle*. Auch wenn im evangelischen Raum die Aura der Heiligkeit im Hinblick auf Kirche weniger ausgeprägt ist, so ist sie den an der Christenlehre teilnehmenden Kindern in der Regel schon bewusst, was ein Kind einmal so ausgedrückt hat: „Die Kirchen sind ziemlich christlich!“

Ich will versuchen, diese räumliche Sonderstellung weiter theoretisch zuzuspitzen. Wenn etwa in vielen Bundesländern überlegt wird, den Ganztagesbetrieb an den Schulen auch so zu organisieren, dass man aus dem traditionellen Freizeitbereich Angebote in die Schule holt – darunter auch solche kirchlich organisierter Kinder- und Jugendarbeit – und diese zu „integrieren“, behält die Christenlehre doch ihre Sonderstellung. Ich möchte an dieser Stelle prüfen, inwieweit der von Michel Foucault geprägte Begriff der Heterotopie („Andersort“) hier weiterhelfen kann. Foucault nähert sich mit diesem Begriff Orten, die von der Gesellschaft ausgegrenzt sind, er nennt u.a. Gefängnisse, Bordelle, Friedhöfe, die aber gewissermaßen als exkludierte inkludiert sind. Im Bewusstsein der offiziellen DDR waren Kirchen gewiss solche „Andersorte“. Die Vermutung besteht, dass sie dies für die Bevölkerungsmehrheit, wenn vielleicht auch in anderer Weise, weiterhin sind. Foucault (1992, 39) formuliert dazu:

> „Es gibt [...] wohl in jeder Kultur, in jeder Zivilisation wirkliche Orte, wirksame Orte, die in die Einrichtung der Gesellschaft hineingezeichnet sind, sozusagen Gegenplazierungen oder Widerlager, tatsächlich realisierte Utopien, in denen die wirklichen Plätze innerhalb der Kultur gleichzeitig repräsentiert, bestritten und gewendet sind, gewissermaßen Orte außerhalb aller Orte, wiewohl sie tatsächlich geortet werden können. Weil diese Orte ganz andere sind als alle Plätze, die sie reflektieren oder von denen sie sprechen, nenne ich sie im Gegensatz zu den Utopien die Heterotopien.“

Man mag im ersten Moment zögern, einem konkreten Kirchengebäude und der Praxis einer bestimmten Christenlehregruppe den Begriff der Heterotopie zuzuweisen. Andererseits ist zu fragen, ob nicht ein bestimmtes Anderssein im Hinblick auf den Mainstream ein Merkmal der Christenlehre ist. Ich sage dies auch deshalb, weil mir natürlich bewusst ist, dass das, was in der Einzelstunde an einem bestimmten Datum geschieht, sich womöglich kaum von dem unterscheidet, was sich in einer ent- →

sprechenden Kindergruppe unter anderem Namen etwa in einer westdeutschen evangelischen oder katholischen Gemeinde abspielt. Dennoch scheint es mir sinnvoll, den Aspekt der Heterotopie stark zu machen und auch pädagogisch zu reflektieren. Er verweist einerseits ohne Nostalgie zurück auf eine Tradition der – erzwungenen – Unterscheidung, die aber in gewisser Weise bis heute ein bestimmendes Merkmal gegenüber der Mehrheitsgesellschaft darstellt. Gleichzeitig sehe ich hier auch Wurzeln für andere Charakteristika der Christenlehre.

Zu DDR-Zeiten fiel in der Christenlehre der Erwerb religiös bedeutsamen Wissens mit liturgischen und freizeitpädagogischen Aktivitäten zusammen. Mit der Existenz eines eigenständigen Religionsunterrichts tritt nun auf den ersten Blick der Bildungsaspekt etwas in den Hintergrund. Doch beim genaueren Hinsehen stellt sich die Situation etwas komplexer dar. Im Hinblick auf den katholischen RU in NRW haben Rudolf Englert und seine Mitarbeiter die Beobachtung gemacht, dass es in den untersuchten Klassen der Grundschule und der Sek I zu einer Diastase zwischen dem religiösen Wissen und der Haltung zu existentiellen Fragen kommt. D.h., dass Schüler/innen einerseits über Wissen aus dem Feld von Bibel und Kirche verfügen, davon aber beim Gespräch über persönliche Fragestellungen keinerlei Gebrauch machen. Nach der Diagnose der Autor/innen könnte dies dadurch veranlasst, zumindest gefördert, werden, dass die Lehrkräfte die Unterrichtsinhalte mehr oder weniger „neutral" präsentieren, zumindest aber weitgehend eine eigene konfessorische Haltung zu diesem kaum erkennen lassen. Dies wird gefördert durch eine pädagogische Grundhaltung, die die Lehrerfixierung des Frontalunterrichts kritisch sieht und offene Lernformen favorisiert, die den Schüler/innen individualisiertes Lernen ermöglichen soll und der Lehrperson die Rolle einer Moderatorin zuweist. Für den RU bedeutet das, dass auch er von diesem Lernformat bestimmt wird, wenngleich auch v.a. in den RU der Grundschule viele Elemente eingegangen sind, die einen gemeindepädagogischen Ursprung haben. Ich denke hier an Bodenbilder, diverse Formen des (Rollen-)Spiels oder Stilleübungen. Wahrscheinlich hat gerade deshalb der RU der Grundschulzeit in der Regel eine positive Bewertung bei den Schüler/innen – gerade auch im Rückblick.

Was macht nun das Besondere der Christenlehre – gerade auch im Vergleich zum RU – aus? Neben der Andersortheit ist es ein vermutlich flexiblerer Umgang mit der Zeit, die nicht in demselben Maße einem festen Schema folgt, wie dies in der Schule – zumal im Fachunterricht – der Fall ist. In den empirischen Befunden der EKBO-Studie zur Christenlehre finden sich als bevorzugte Aktivitäten der Kinder ‚Christlichen Glauben leben', ‚Kreatives Basteln', und ‚Spielen', ‚Singen und Musizieren'. Betrachtet man diese Aufzählung genauer, dann wird man durchaus Überschneidungen mit dem RU der Grundschule erkennen können. Auffällig sind auch die Anklänge an die Praktiken des Godly Play – auch ein Charakteristikum, wenn auch kein Alleinstellungsmerkmal, der Christenlehre. Dies ist vermutlich kein Zufall. Es bedeutet, dass ein gemeindeorientiertes Programm mit Kindern im Kontext des westlichen Christentums wohl mehr oder weniger zwangsläufig auf ein solches Ensemble hinauslaufen muss. Der Ursprung des Godly Play in der US-amerikanischen Sonntagsschulbewegung weist hier einen Weg, wie in einem zivilgesellschaftlichen Setting religiöse Bildung organisiert werden kann. Das Programm „Christlichen Glauben leben" impliziert offensichtlich ein Miteinander von Christenlehre-Leiterin und Kindern und den Versuch einer gemeinsamen religiösen Praxis im Umgang mit der Bibel, beim Singen und Beten. Hier findet also das statt, was in der englischen Terminologie *learning religion* oder *learning in religion* genannt wird. Die Legitimität eines solchen Vorgehens ist religionspädagogisch unbestritten – wird allerdings für den schulischen RU in der Regel infrage gestellt. Je mehr der schulische Religionsunterricht nun allerdings in Richtung Religionskunde entwickelt wird, umso mehr wird nun das, was Christenlehre ausmacht, zumindest als komplementäres Angebot erwünscht – als eine Form performativer Praxis.

Literatur

Akremi, Leila/Merkel, Simone, *Arbeit mit Kindern in Zahlen.* Erhebung der Arbeit mit Kindern in der Evangelischen Kirche Berlin-Brandenburg-schlesische Oberlausitz, Tabellenband 2014, Eine Veröffentlichung des Amtes für Kirchliche Dienste (AKD) in der EKBO, Berlin 2014. Online unter: <http://akd-ekbo.de/arbeit-mit-kindern/materialien>.

Englert, Rudolf u.a., *Innenansichten des Religionsunterrichts*: Fallbeispiele – Analysen – Konsequenzen, München 2014.

Foucault, Michel, Andere Räume. in: Barck, Karlheinz u.a. (Hg.), Aisthesis. Wahrnehmung heute oder Perspektiven einer anderen Ästhetik, Leipzig 1992, 34–46.

Prof. Dr. Gerhard Büttner ist evangelischer Theologe mit dem Schwerpunkt Religionspädagogik und Didaktik des Religionsunterrichts. Von 1999 bis zu seiner Emeritierung lehrte er an der Technischen Universität Dortmund.

Buchtipps für die gemeindliche Praxis

Petra Müller

Das neue **Buch von Andere Zeiten e.V.** mit dem Titel „Andere Orte" ist ein wahres Kleinod – nicht nur, was die Gestaltung betrifft, auch die Texte sind wahre Kostbarkeiten. Es erzählt von berührenden Erfahrungen, die Menschen an bestimmten Plätzen gemacht haben. Sich daran zu erinnern, trägt dazu bei, dass wir unsere Erfahrungen verorten können. Als Leserinnen und Leser wird man mitgenommen zu besonderen Orten, die in keinem Reiseführer stehen: an Glücksorte und zu Aussichtspunkten, zu Trostplätzen und Zufluchtswinkeln, an Freiräume und Kraftquellen, aber auch zu Anstoßecken. Die Texte regen zum Nachdenken und Aufspüren solcher Orte im eigenen Leben an. Eine Fundquelle für einen selber, aber auch für die gemeindliche Arbeit und: ein wunderschönes Geschenk.

Andere Zeiten e.V., Hamburg 2017, 168 Seiten gebunden, hochwertiger Halbleinen-Einband mit Lesebändchen, € 11,00
zu beziehen über: Andere Zeiten e.V., Fischers Allee 18, 22763 Hamburg, Telefon 040 – 47 11 27 50, E-Mail: info@anderezeiten.de

Die meisten Menschen erleben den Advent nicht gerade als eine ruhige Zeit. Vielmehr gehört er zu den stressigsten Wochen im Jahresverlauf. Im Buch **„Einfach freuen – 24 Momente gegen die Rastlosigkeit"** findet man Anregungen, wie man sich vom allgemeinen Getriebe vor Weihnachten nicht irre machen lässt und ein wenig Ruhe findet. Spirituelle Kraftanstrengungen sind dafür nicht nötig. Stattdessen lassen die erfrischend leichten Texte des Schriftstellers und Journalisten **Georg Magirius** eine Vorfreude erleben, wie man sie als Kind spürte, als sich vor Weihnachten alles geheimnisvoll anfühlte. Man kann sie im ganz normalen Alltag erleben, wenn man sich auf den Augenblick einlässt: wenn man die erste Tür des Adventskalenders öffnet, einen Einkaufszettel schreibt, Weihnachtskarten aussucht, den Tisch deckt, Geschenke einpackt – und sogar dann, wenn man den Müllbeutel aus der Küche nach draußen bringt. Alles Momente, um sich einfach zu freuen.

Echter Verlag, Würzburg 2017, 104 Seiten gebunden, ISBN 978-3-429-04388-9, € 12,90

Für alle, die auf dem Bürotisch oder zu Hause noch einen **Tischkalender** benutzen, sei auf den liebevoll gestalteten Kalender **„Neu beginnen 2018"** hingewiesen. Farbenfrohe Farbfotografien untermalen Texte von **Anselm Grün**. Im Wochenkalendarium ist genügend Platz, um Notizen, Termine und Gedanken zu vermerken.

Vier-Türme-Verlag, Münsterschwarzach 2017, Format 14,8 x 21,0 cm, 128 Seiten Tischkalender mit Spiralbindung mit 52 Farbfotografien, ISBN 978-3-7365-0065-5, € 14,99

Der Abreißkalender **„Momente des Glücks 2018"** mit seinen 365 Zitaten von **Anselm Grün** setzt Tag für Tag einen Impuls, der zum Nachdenken anregt. Wahrscheinlich wird das eine oder andere Spruchblatt als Buchzeichen oder für anderes verwendet werden, so dass auch über den jeweiligen Tag hinaus die Worte noch weiterwirken werden.

Vier-Türme-Verlag, Münsterschwarzach 2017, 384 Blatt Abreißkalender, Format 10,8 x 15,0 cm, ISBN 978-3-7365-0064-8, € 14,99

Viele kennen das Legematerial „Friedenskreuz" zum Erzählen biblischer Geschichten. Nach den Bänden, die die Themenkreise Kirchenjahr, Advent und Weihnachten und Jesusgeschichten entfalten, ist nun im Jahr des Reformationsgedenkens ein Band mit dem Titel **„Martin Luther mit dem Friedenskreuz erzählt"** erschienen. Sieben Kapitel eröffnen Wege zum Entdecken Martin Luthers. **Ulrich Walter** stellt die wichtigsten Stationen des Lebensweges Martin Luthers auf kindgemäße Weise dar. Diese Stationen sind begleitet von biblischen Geschichten, in denen die Reformation wiederentdeckt werden kann. Die Entfaltung geschieht mit Elementen des Friedenskreuzes und wird von Liedern von **Reinhard Horn** ergänzt. Das Buch bietet anregende und ganzheitliche religionspädagogische Impulse.

Verlag Junge Gemeinde, Leinfelden-Echterdingen 2017, 72 Seiten, gebunden, ISBN 978-3-7797-2112-3, € 17,80

IMPRESSUM

PRAXIS GEMEINDEPÄDAGOGIK (PGP)

ehemals »Christenlehre/Religionsunterricht–PRAXIS«
ehemals »Die Christenlehre«

70. Jahrgang 2017, Heft 4

Herausgeber:
Amt für kirchliche Dienste in der Evangelischen Kirche Berlin-Brandenburg-schlesische Oberlausitz
Pädagogisch-Theologisches Institut der Nordkirche
Theologisch-Pädagogisches Institut der Evangelisch-Lutherischen Landeskirche Sachsens
Pädagogisch-Theologisches Institut der Evangelischen Kirche in Mitteldeutschland und der Evangelischen Landeskirche Anhalts

Anschrift der Redaktion:
Matthias Spenn, c/o Evangelische Verlagsanstalt GmbH, »PGP-Redaktion«, Blumenstraße 76, 04155 Leipzig,
E-Mail ‹redaktion@praxis-gemeindepaedagogik.de›

Redaktionskreis:
Dr. Lars Charbonnier, Führungsakademie für Kirche und Diakonie, Haus der EKD, Charlottenstraße 53/54,10117 Berlin
Uwe Hahn, Ev.-Luth. Kirchenbezirk Leipzig, Dienststelle des Bezirkskatecheten, Burgstraße 1–5, 04109 Leipzig
Petra Müller, Fachstelle Alter der Ev.-Luth. Kirche in Norddeutschland, Gartenstraße 20, 24103 Kiel
Dorothee Schneider, PTI der Ev. Kirche in Mitteldeutschland und der Landeskirche Anhalts, Zinzendorfplatz 3, 99192 Neudietendorf
Matthias Spenn, Amt für kirchliche Dienste in der Ev. Kirche Berlin-Brandenburg-schlesische Oberlausitz, Goethestraße 26–30, 10625 Berlin
Christine Ursel, Diakonisches Werk Bayern – Diakonie.Kolleg., Pirckheimerstraße 6, 90408 Nürnberg

Redaktionsassistenz: Sina Dietl, Evangelische Verlagsanstalt GmbH

Verlag: EVANGELISCHE VERLAGSANSTALT GmbH, Blumenstraße 76, 04155 Leipzig, www.eva-leipzig.de
Geschäftsführung: Sebastian Knöfel

Gestaltung/Satz: Kai-Michael Gustmann, Evangelisches Medienhaus GmbH

Druck: Druckerei Böhlau, Ranftsche Gasse 14, 04103 Leipzig

Anzeigen: Rainer Ott · Media | Buch- und Werbeservice, PF 1224, 76758 Rülzheim, Tel. (0 72 72) 91 93 19, Fax (0 72 72) 91 93 20, E-Mail ‹ott@ottmedia.com›
Es gilt die Anzeigenpreisliste Nr. 11 vom 1.1.2012

Abo-Service: Christine Herrmann, Evangelisches Medienhaus GmbH, Telefon (03 41) 7 11 41 22, Fax (03 41) 7 11 41 50, E-Mail ‹herrmann@emh-leipzig.de›

Zahlung mit Bankeinzug: Ein erteiltes Lastschriftmandat (früher Einzugsermächtigung genannt) bewirkt, dass der fällige Abo-Beitrag jeweils im ersten Monat des Berechnungszeitraums, in der letzten Woche, von Ihrem Bankkonto abgebucht wird. Deshalb bitte jede Änderung Ihrer Bankverbindung dem Abo-Service mitteilen. Die Gläubiger-Identifikationsnummer im Abbuchungstext auf dem Kontoauszug zeigt, wer abbucht – hier das Evangelische Medienhaus GmbH als Abo-Service der PRAXIS GEMEINDEPÄDAGOGIK.
Gläubiger-Identifikationsnummer: DE03EMH00000022516

Bezugsbedingungen: Erscheinungsweise viermal jährlich, jeweils im ersten Monat des Quartals. Das Jahresabonnement umfasst die Lieferung von vier Heften sowie den Zugriff für den Download der kompletten Hefte ab 01/2005. Das Abonnement verlängert sich um ein Kalenderjahr, wenn bis 1. Dezember des Vorjahres keine Abbestellung vorliegt.

Bitte Abo-Anschrift prüfen und jede Änderung dem Abo-Service mitteilen. Die Post sendet Zeitschriften nicht nach.

ISSN 1860-6946
ISBN 978-3-374-05277-6

Preise:
Jahresabonnement* (inkl. Zustellung):
Privat: Inland € 40,00 (inkl. MwSt.), EU-Ausland € 46,00, Nicht-EU-Ausland € 50,00;
Institutionen: Inland € 48,00 (inkl. MwSt.), EU-Ausland € 54,00, Nicht-EU-Ausland € 58,00;
Rabatte – gegen jährlichen Nachweis: Studenten 35 Prozent; Vikare 20 Prozent;
Einzelheft (zuzüglich Zustellung): € 12,00 (inkl. MwSt.)
* Stand 01.01.2017, Preisänderungen vorbehalten

Unsere nächste PGP-Ausgabe erscheint im Januar 2018.

INFO UND PERSONEN

In fröhlicher Runde sehen Sie hier die Redaktion der PGP bei der Jahresklausur am 01.04.2017. Das Foto bei der nächsten Klausur wird anders aussehen, ein entscheidender Kopf wird fehlen: Matthias Spenn. Mit ihm scheidet nicht nur ein Redaktionsmitglied aus, sondern ihr Schriftleiter. Seit 2010 hat Matthias Spenn die Verantwortung für die Redaktionsarbeit und damit letztendlich die Hefte der PGP inne. Diese Aufgabe hat er mit hoher Fachkompetenz und großem Engagement wahrgenommen. Unter ihm wurde die PGP thematisch profiliert und in ihrem Erscheinungsbild runderneuert. Unzählige Stunden hat er mit der Endredaktion der jeweiligen Hefte verbracht, viele Autorinnen und Autoren gewonnen und ebenso zielführend wie humorvoll die Redaktionssitzungen geleitet. Die Gemeindepädagogik war und ist für ihn Herzenssache, und stets war es sein Bemühen, eine theoretisch wie praktisch innovative inhaltliche Füllung zu erreichen. Wir sind uns sicher, lieber Matthias, unsere Leserinnen und Leser werden Dich vermissen – wir tun es auf alle Fälle! Danke für Deine Arbeit mit uns und Deinen unermüdlichen Einsatz für die Gemeindepädagogik und ihre wichtigste Fachzeitschrift! Gott segne Deine weiteren Wege!

Im Namen der Redaktion:
Lars Charbonnier

Vorschau 1/2018

- Gemeinden anderer Sprache – Vielfalt der Kulturen
- Nonverbales Kommunizieren – Liturgische Präsenz
- Inklusion: Leichte Sprache – Gerechte Sprache
- Sprache und Spiel

Bernd Schröder/Jan Hermelink/Silke Leonhard (Hg.): **Jugendliche und Religion**. Analysen zur V. Kirchenmitgliedschaftsuntersuchung der EKD, Religionspädagogik innovativ Bd. 13, Stuttgart: Kohlhammer 2017, 304 Seiten, Paperback, € 35,00, ISBN 978-3-17-031143-5

Als 2014 die Ergebnisse der V. KMU in einem ersten Ergebnisband publiziert wurden, war die Resonanz auf die darin entfaltete Hauptthese groß: Was für Konsequenzen soll man ziehen, wenn sich die Kirchenmitglieder zunehmend zwischen Engagement und Indifferenz bewegen? Interessanterweise währte diese Phase großer Aufmerksamkeit gar nicht so lange. Schon der voluminöse Auswertungsband „Vernetzte Vielfalt" aus dem Jahr 2015 wurde deutlich weniger intensiv diskutiert. Offensichtlich waren die Enthusiasten wie die Enttäuschten unter den Rezipienten der Studie schon längst wieder zufrieden in ihren Interpretationsblasen versunken, als dass es weitere intensive Diskurse brauchen würde. Das ist umso bedauerlicher, als dass bis heute diese unterschiedlichen Lesarten mit einer Selbstverständlichkeit in Begründungszusammenhängen zu zukunftsweisenden Entscheidungen kirchenleitender Gremien herangezogen werden, dass es kritischen Geistern doch etwas blümerant wird. Es ist deshalb eine erfrischende Erfahrung, mit diesem auf zwei Tagungen im RPI Loccum zurückgehenden Band eine detailliertere Analyse der KMU V mit dem Fokus auf die zukunftsrelevanten Altersgruppen der Jugendlichen und jungen Erwachsenen hier veröffentlicht zu sehen. Das Schöne ist weiterhin, dass die Analysen zwar die KMU V zum Schwerpunkt haben, aber bei Weitem nicht dabei stehen bleiben: Es werden sowohl historische Bezüge zu Vorstudien aufgemacht wie weitere aktuelle Studien zum Vergleich herangezogen. Somit liefert der Band eine gute Darstellung der aktuellen Diskurse und empirischen Erkenntnisse über Jugendliche und Religion und ist damit für alle, die in bildungsbezogenen Handlungsfeldern mit diesen Altersgruppen zu tun haben, zur Lektüre nur zu empfehlen – gerade auch weil und wenn man sich mit manchen Meinungen und Analysen sehr kritisch auseinandersetzen dürfte.

Der Band ist in fünf Abschnitte mit unterschiedlichem Umfang gegliedert: In einem Einleitungskapitel beschreibt Jan Hermelink konzeptionelle Horizonte und ausgewählte Ergebnisse der KMU V. Silke Leonhard begründet, warum es diese Fokussierung auf Jugend als Auswertungsperspektive braucht – nicht zuletzt, um zu überprüfen, auf welchen Prämissen eigentlich religiöse Bildungsarbeit in diesen Altersgruppen aufruht und um diese entsprechend kritisch hinterfragen zu können (41). Das umfangreiche zweite Kapitel enthält acht Aufsätze, die sich intensiv mit den unterschiedlichen Daten beschäftigen: Mit den empirischen Befunden der Generation U30 (Hilke Rebenstorf), mit der Reichweite konfessioneller Positionen im individuellen Glauben dieser Generation (Ulrich Riegel/Anne Elise Hallwaß), mit der Kommunikation von Sinnfragen (Hohensee), der religiösen Indifferenz als religionspädagogischer Herausforderung (Stefanie Lorenzen), dem Zusammenhang von sozialem Vertrauen und Religion (Nicola Bücker), den Jugendlichen als religiösen Akteuren im Spiegel der Netzwerkanalyse der KMU V (Birgit Weyel/Jan Hermelink), Beobachtungen zur Konfessionslosigkeit (Frank. M. Lütze) sowie einer kritischen Anfrage an das Design aufgrund der Vernachlässigung der für die Jugendlichen zentralen Dimension medialer Kommunikation (Ilona Nord). Im dritten Kapitel weiten Bernd Schröder und Mike Corsa den Blick und betrachten empirische Studien der Jahre 2006-2016 bzw. den Referenzrahmen evangelischer Kinder- und Jugendarbeit. Eine nochmalige Perspektiverweiterung liefert der vierte Block, der die Niederlande und Finnland vergleichend betrachtet (Monique van Dijk-Groeneboer und Hendrik Simojoki/Kati Tervo-Niemelä).

Dass sich aus diesen (in ihrer Qualität durchaus heterogenen) Analysen viele interessante religionspädagogische Ansatzpunkte und Konsequenzen ziehen lassen, zeigt Bernd Schröder in seinem den Band abschließenden Aufsatz auf. Er fasst zusammen, dass alle Analysen den Bedarf beschreiben, die Anschlussfähigkeit von Jugendlichen an die Religion noch stärker in den Blick zu nehmen und zu ermöglichen. Drei Lernorte stehen für ihn im Fokus: die Familie – und das heißt für kirchliches Handeln die Begleitung dieser, insbesondere bei den kirchlich-familiären Festereignissen –, die Konfirmandenarbeit und der Religionsunterricht. Am Ende steht auch das Plädoyer, keine unrealistischen Visionen und Programme aufzustellen (287–296).

Michael Domsgen/Ekkehard Steinhäuser (Hg.): **Identitätsraum Dorf**. Religiöse Bildung in der Peripherie, Leipzig: EVA 2015, 178 Seiten, Paperback, € 28,00, ISBN 978-3-374-03918-0

Im Blick auf die Religion scheint, das belegt auch die KMU V, eine Kategorie besonders relevant: der Unterschied von Stadt und Land. Dabei dürften es weniger mentalitäts- und milieuspezifische Faktoren sein, die diese Unterschiede ausmachen, als vielmehr sozialräumliche Bedingungen. Ein aktuelles Buch, das sich diesem ländlichen Raum – mit dem Schwerpunkt auf Mitteldeutschland – mit der Brille religiöser Bildung näher anschaut, ist der Band „Identitätsraum Dorf". Er geht zurück auf eine Tagung der Universität Halle-Wittenberg im Oktober 2013 mit dem schönen Titel „Damit die Kirche im Dorf nicht alt aussieht". Nun sehen gerade die Kirchen im mitteldeutschen Raum aufgrund der Kirchbauvereine in der Regel nicht alt aus, aber die sind als Gebäude offensichtlich nicht gemeint, wenn hier von Kirche die Rede ist. Damit sei aber nur angedeutet, dass es dem Band an dieser Stelle gut getan hätte, einige begriffliche Schärfungen in dieser Richtung von Kirche und Religion vorzunehmen – aber das mindert nicht das Anregungspotential der Beiträge.

Spannend sind bereits die grundlegenden Vergewisserungen, die im ersten Block zusammengestellt sind: Karl Martin Born schildert „Das Dorf in der Peripherie" aus der Sicht eines strukturforschenden Geographen und definiert es als Residualort. Michael Domsgen zeigt auf, wie Kirche als Bildungsakteurin im ländlichen Raum aktiv sein kann und sollte. Im zweiten Block wird es empirischer: Frank M. Lütze schildert am Beispiel zweier Regionen in Sachsen-Anhalt Möglichkeiten kirchlicher Bildungsarbeit. Potentiale für pastorales Handeln in der gemeindlichen Bildungsarbeit zeigt Kerstin Menzel auf. Ullrich Hahn beschreibt Themenkirchen als neues Angebot. Ein dritter Block verspricht orientierende Impulse: Gerald Kretzschmar beschreibt Gelingensbedingungen religiöser Bildung, auch für das Land. Christian Grethlein attestiert, dass die Kommunikation des Evangeliums auch in Dörfern gelingen kann. Thomas Schlegel ermutigt aus landeskirchlicher Sicht gleich dreifach – das scheint geboten, und schließlich ziehen die Herausgeber eine eigene Bilanz zur „Religiösen Bildung in der Peripherie". Sie stellen am Ende zu Recht fest, dass diese Aufgabe konzeptionell, strukturell und personell noch nicht befriedigend gelöst sei. Ansätze der Gemeinwesenorientierung dürften hier ebenso eine größere Rolle spielen wie ein verstärkter Blick auf die ältere Generation oder auf die konstruktive Zusammenarbeit von Schule und Kirche im Blick auf Jugendliche. Dass deshalb aber die religiöse Bildung im Dorf eine grundsätzlich andere sei als in der Stadt oder gar der Großstadt, muss daraus nicht gefolgert werden. Das zeigen die konzeptionellen Überlegungen des dritten Blocks auf. Aber die Formate und konkreten inhaltlichen Bezüge dürften anders gelagert sein, und hier liefern die Beiträge des zweiten Blocks das entsprechende Anschauungsmaterial.

Albert Gasser: **Mit Philosophen und Theologen denken und glauben**. Annäherungen an die Gottesfrage, Zürich: tvz 2017, 127 Seiten, Paperback, € 21,00, ISBN 978-3-290-20140-1

Der em. Professor für Kirchengeschichte der Theologischen Hochschule Chur Albert Gasser liefert in seinem an Umfang und Erscheinungsbild eher unscheinbaren Bändchen sehr bedenkenswerte Annäherungen an die Gottesfrage, die sich philosophischen und theologischen Ansätzen verdanken und nach vernünftigen Gründen für die Glaubensentscheidung eines Gottes suchen.

Warum ist das so spannend? Meines Erachtens deshalb, weil Grasser gleich zu Beginn seines Buches einen wichtigen Zusammenhang herstellt: Die Krise der Kirche intensiviert die Frage nach Gott: „So bleibt heutzutage für viele der Appell an Gott, die Rückversicherung auf die einzig noch übrig bleibende Urfrage." (22) Gerade weil die Kirche, und für ihn zuerst die katholische, soviel an Glaubwürdigkeit und Relevanz eingebüßt hat – überwiegend selbstverschuldet, wie er analysiert –, ist diese Frage nach Gott, wenn sie überhaupt gestellt wird, die zentrale. Und sie war es auch immer schon: Im Verlauf seiner Ausführungen widmet sich Grasser unterschiedlichen Denkern und Denkerinnen und ihren Zuspitzungen in der Gottesfrage, wie beispielsweise Anselm von Canterbury, Immanuel Kant, Dorothee Sölle oder Elie Wiesel. Die Frage nach Gott in Leiden und Tod, der Umgang mit der Vorstellung der Allmacht Gottes, die Rede von Schöpfung und Erbsünde, alles das wird thematisiert und kritisch reflektiert. Denn: „Es gibt aber zu Gott keinen anderen Weg als den in Freiheit und den der persönlichen Erkenntnis." (99) Gegen Ende sind für Grasser Begriffe des Seins und des Sinns zentral: „Mit dem Sein bewegen wir uns in der Gottesfrage (...) beim Anfang, mit dem Sinn sinnieren wir über die Zukunft. Das Sein geben wir uns nicht selbst, den Sinn schaffen wir." (112) Und es ist ein Ausdruck der praktischen Vernunft, in diesem Sinnschaffen einen Gott zu suchen und zu glauben, so Gassers Plädoyer am Schluss.

Natürlich handelt es sich um ein persönliches wie pointiertes Buch. Und es ist ein katholischer Blick, ein protestantischer sähe sicherlich an der einen oder anderen Stelle anders aus. Aber das Buch hält, was Grasser verspricht. Deshalb, so denke ich, sind seine Gedanken in vielerlei Weise anregend. Denn in der Tat wird sich die Zukunft der Kirche nicht in erster Linie an ihren organisationalen Strukturen oder ihren Ressourcen entscheiden, sondern an der Relevanz ihrer Inhalte und der Konsequenz, die diese in der alltäglichen Lebenspraxis zeigen. Und dafür dürfte der Gottesbegriff nach wie vor der zentrale sein und bleiben – wenn man ihn denn eben relevant zu erschließen vermag.

Kurt Erlemann: **Fenster zum Himmel**. Gleichnisse im Neuen Testament, Göttingen: V&R Neukirchener Theologie 2017, 228 Seiten, Paperback, € 23,00, ISBN 978-3-7887-3240-0

Eine der zentralen Aufgaben evangelischer Bildungsarbeit ist das Erschließen der Texträume und damit Lebenswelten der biblischen Schriften. Denn ihnen wohnt die Eigenschaft inne, dass sie wiederum himmlische Räume zu öffnen vermögen, damals wie heute. In der religionspädagogischen Praxis kommt den Gleichnissen des Neuen Testaments oft und zu Recht ein besonderes Gewicht zu. Der Wuppertaler Neutestamentler Kurt Erlemann hat diese Texte nach aktuellen Erkenntnissen in Exegese, Hermeneutik und Gleichnistheorie erforscht und diese seinen Lesern in leicht verständlicher und ansprechender Weise aufbereitet. Das Buch setzt sich dezidiert, aber nicht zu detailliert mit der Gleichnisforschung auseinander, um am Ende aber vor allem eines zu leisten: Auch den weniger erfahrenen Leserinnen und Lesern ein Gesamtverständnis und damit eine leitende Lesebrille für Gleichnisse und die Möglichkeiten ihrer pädagogischen Verwendung zu liefern. Dieses Buch ist deshalb allen in der gemeinde- und religionspädagogischen Praxis empfohlen, die immer wieder die Gleichnisse des Neuen Testaments behandeln und mal wieder den aktuellen Stand in der Erforschung dieser Gattung erfahren möchten.

Das Buch ist in Teilen wie im Ganzen im Duktus von Frage und Antwort aufgebaut. So stehen erste Fragen und Antworten ganz vorn, wie die nach dem, was wir wirklich wissen können oder welche Themen beim Lesen des Buches mitzudenken sind. Ein zweites Kapitel stellt die Grundfragen der Gleichnisforschung, wesentlich: Was sind eigentlich Gleichnisse? Und Erlemanns Antwort spiegelt den Buchtitel: Es sind „Faszinierende Fenster zum Himmel" (45): „Gleichnisse sind kleine szenische Plausibilisierungshandlungen dieser neuen Wirklichkeit Gottes." (46)

Nach einer Wahrnehmung der Gleichnisse im Alten Testament und ausgewählten weiteren Vorläufern der Gleichnisse Jesu in den antiken Kontexten folgt die Fokussierung auf die Gleichnisse der Evangelien. Das Ergebnis: „Jesus lenkt den Blick auf das Wesentliche" (136). Nach einem Blick auf weitere neutestamentliche Gleichnisse ist das siebte Kapitel zentral, denn es fragt nach der „'Sache' der Gleichnisse". Schon die Anführungszeichen machen deutlich, dass es diese eine klare Sache so nicht gibt, dass es aber innerhalb der unterschiedlichen Themen der einzelnen Gleichnisse und der Absicht, die mit ihnen verfolgt wird, eine Grundlinie gibt, die als instruktives Ergebnis von Erlemann formuliert wird: Gleichnisse sind „Schlaglichter der neuen Welt Gottes" (185). Einzelne Gleichnisprofile und schließlich ein zusammenfassendes Kapitel runden das Buch ab.

Lars Charbonnier